누군가는
나를 말렸어야 했다

KB106188

자격증 하나 없는 무스펙에서 꿈의 직장 구글 입사까지

누군가는 나를 말렸어야 했다

조용진 지음

책들의정원

Contents

이 책을 읽는 당신에게

남들처럼 평범하게 산다는 것이 더 이상 문자 그대로 평범한 일이 아니라는 자조 섞인 이야기들을 자주 듣는다. 내가 봐 온 주변의 많은 친구와 선후배들이 그 한 조각의 평범한 삶을 거머쥐기 위해 오랜 시간 동안 저마다의 최선을 담아내어 왔다. 아마 이 책을 펼쳐 든 여러분도 그중 한 사람일 것이라 믿어 의심치 않는다.

나의 20대 역시 바로 그들의 이야기와 크게 다르지 않았다. 젊은 날, 나 역시 어디 호소할 곳이 없는 미래에 대한 불안감을 마음 한 켠에 품고서 오늘보다 단 한 뼘만이라도 더 나은 서른을 애타게 꿈꿨다. 하지만 그 조금 더 나은 서른이라는 것이 그렇게 호락호락하게 찾아오지는 않았다.

재수 끝에 힘들게 맞이한 대학 생활은 애석하게도 전혀 낭만적이지 못했다. 점수에 맞춰 적당히 진학한 전공과목은 도무지 나와 맞지 않았고, 세상에는 나보다 똑똑하고 잘난 친구들이 너무 많았다. 그러한 친구들과 함께 밤늦은 시간까지 빈자리 하나 없이 꽉 들어찬 도서관의 열람실 한가운데에 앉아 있으면 숨이 멎을 듯한 압박감을 느끼곤 했다.

이대로 그냥 시간이 흘러가면, 어쩌면 나는 내가 어렴풋이 꿈꿔왔던 삶과는 요원한 삶을 살게 될 것이라는 불안한 마음이 늘 가득했다. 그 틈바구니 속에서 지극히 평범하기만 한 내가 설 자리는 없어 보였다. 수학을 못하는 공대생, 스물다섯이 되어서야 만들어본 인생 첫 여권, 그리고 햄버거 하나 제대로 시키지 못했던 비루한 영어 실력까지…. 이 모든 것들을 극복하고서 내가 더 나은 서른을 살게 될 것이라 생각했던 사람은 그 누구도 없었다. 심지어 나는 내가 가르치던 과외 학생보다도 못한 꿈을 꾼다며 비참해 한 적도 있었다.

하지만 그 서러웠던 날들로부터 약 10여 년의 시간이 흘러서, 나의 서른 살은 내가 어렴풋이 꿈꿔왔던 딱 그만큼 적당한 모습으로 이루어졌다. 그리 대단할 것 없는 서른이지만 이 적당한 서른을 쟁취하기 위해 내가 얼마나 많은 간절함을 불어넣었는지 모른다. 나의 평범하지만 평범하지 않은 서른은 그렇게 이루어졌다. 그리고 그런 내 경험이 또 다른 더 나은 삶을 꿈꾸는 사람들에게 희망이 되었으면 한다.

이 책의 원제목인 《희망의 기술》은 어떻게 읽느냐에 따라서 중의적인 의미를 담고 있다. '희망의 기술技術'이라 읽으면 자기계발서가 되고, '희망의 기술記述'이라고 읽으면 자전적 에세이가 된다. 둘 중 어느 형태이든 일반적으로 자기 자신의 이야기를 다루는 글들은 주로 사회적으로 명망 있는 분들의 말과 글을 통해서 쓰이게 마련이다.

예를 들면, 내가 대학교 1학년 때 닮아보려 열망해 마지않았던 진대제나 황창규, 혹은 오마에 겐이치大前研一 같은 분들을 통해서 말이다. 나 역시 이러한 여러 사람들의 인생 이야기들을 탐독해오면서 많은 배움을 얻었지만, 사실 그와 동시에 지극히 평범하기만 한 나와는 너무나도 거리가 먼 이야기라는 생각을 지울 수가 없었다. 그리고 때때로 현재 상황과는 어울리지 않는 과거의 이야기인 경우도 많았다.

우리는 옛 유명인사의 이야기보다 가까운 친구의 이야기에 더 크게 웃고 감동하며 그들의 시시콜콜한 에피소드들을 오래도록 기억한다. '~해라', '~하는 3대 법칙' 등으로 끝나는 뻔하디뻔한 캐치프레이즈가 아니라 내게도 있을 법한 누군가의 소소한 경험을, 그들의 이야기를 기억한다. 이 책은 바로 그 '보통의 존재'가 조금 더 나은 삶을 살기 위해 고민하고 이겨냈던 지난 10여 년의 소소한 이야기들을 담고 있다. 그 이야기들을 자기계발서로 읽어도 좋고 잔잔한 자전적 에세이로 읽어도 좋다. 다만 나는 이 작은 나의 이야기들이 나와 같은 어느 평범한 다른 누군가에게 희망을 줄 수 있길 소망할 뿐이다.

이 책을 읽는 당신에게

프롤로그
행복을 찾아서

기뻐서 어쩔 줄 몰라 하는 그를 기억하며

우리는 종종 이런 이야기들을 한다. 다시 20대로, 대학생 때로 돌아가고 싶지 않냐고…. 아련한 추억과 쓸쓸한 푸념 사이 그 어느 경계에서 '그땐 참 자유로웠는데' 혹은 '그땐 참 행복했었는데'라며 저마다의 레퍼토리들을 끄집어낸다. 그렇게 우린 한참을 서로 웃고, 공감하고 또 때론 위로하다가 다시 일상으로 젖어든다.

나는 그것과는 정반대로 어서 빨리 서른이 되고 싶다는 말을 입에 달고 살았다. 더 이상 불안해하고 애달파하지 않아도 되는 그런 단단한 서른을 희망했다. 젊은 날, 무언가를 꿈꾸는 희망의 순간은 늘 짧았지만 내가 마주한 험난한 현실은 너무 길기만 한 시간이었기 때문이다. 나는 마치 아스피린 마냥 이 짧은 희망들을 모질고 긴 시간들을 견뎌내는 데 사용하고 싶지 않다고 생각했다. 그저 이 순간이 하루라도 빨리 지나가길 빌었다. 그런 내게 서른이란 이 애달픈 젊은 날들의 종점이자 나의 소박한 꿈이었다.

2007년 초였던 것으로 기억한다. 당시 대학교 2학년생이었다. 극장에서 〈행복을 찾아서 The Pursuit of Happiness〉라는 영화를 보았는데, 그날 나는 내 인생 처음이자 마지막으로 엔딩 크레디트가 올라가는 동안에도 차마 자리를 뜨지 못했다. 거리로 내몰린 아버지가 어린 아들을 품에 안고 지하철 공중화장실에서 노숙하며 흐느끼던 장면, 아들에게 '원하는 게 있으면 어떻게든 얻어내You want some, go get it. Period.'라고 굳게 이야기하던 장면, 그가 부러워했던 월스트리트 비즈니스맨들 틈에 섞여 두 손을 불끈 쥐고 기뻐서 어쩔 줄 몰라 하던 마지막 장면들이 오래도록 내 마음속에 맴돌았다.

아버지를 연기했던 배우 윌 스미스Will Smith가 마지막 장면에서 두 손을 불끈 쥐고 빨갛게 달아오른 두 눈을 깜빡이며 기쁨의 감정을 애써 참아내는 동안 나는 흔들리는 내 감정을 참아내지 못하고 크게 울어버렸다. 서른 즈음에는 나도 저렇게 어찌할 바를 모를 만큼 기뻐할 수 있을까 하고 되뇌고 또 되뇌었다.

행복과 현실 사이의 간극

그렇게 10여 년의 시간이 흐른 지금, 나는 도쿄에 살고 있다. 내 인생 첫 여권은 아직 유효기간이 많이 남아 있는데 나는 생각지도 못했던 도시에서 다양한 사람들과 행복을 찾는다. 빨리 서른이 되고 싶다던 내 말은 그다지 과하지도, 그다지 모자라지도 않은 모습으로 이루어졌다. 그 사이 두어 번쯤은 마치 영화에서처럼 어찌할 바를 모를 만큼 기뻐하기도 했다.

이런 주체할 수 없는 기쁨의 크기는 이뤄낸 성취의 크기가 아니라 내가 바랐던 간절함의 크기에 기인한다. 이 작은 행복들을 바랐던 내 간절함은 그만큼 너무나도 컸다. 그렇게 나는 간절함 사이에 점점이 존재하던 짧은 희망들에 기대어 한 걸음 한 걸음 행복을 찾아왔다.

돌이켜 보건대 희망하는 데에도 나름의 기술이 필요했다. 철학자 에리히 프롬Erich Fromm이 '사랑을 하는 데에는 기술이 필요하다'고 했던 것처럼 희망이 그저 형이상학적인 뜬구름이 되어 쉬이 잊히지 않게 하기 위해서 말이다. 내가 찾는 행복과 현실 사이의 간극을 인지하고, 계획을 세우고, 간절한 마음으로 한걸음씩 그 간극을 메워나가는, 바로 그런 희망의 기술 말이다. 그걸 꼭 한번쯤은 담담하게 기술하고 싶었다.

Chapter 1.

위대한 회사의
평범한 신입사원

"어떤 사람들은 구글 검색이 훌륭하다고 생각하지만 저는 형편없다고 생각합니다. 현재에 만족하지 않고 끊임없이 개선하려는 마음이 필요합니다."

— 래리 페이지

구글의
신입사원이 되다

내가 구글에 합격했다니까요

순전히 우연이었다. 전략 컨설팅 회사에서 인턴십을 같이 했던 동기 중 한 명이 몇 달 전 구글코리아에 입사했는데 그 팀에서 직원을 더 채용한다는 소식이 들렸다. 그 소식을 접한 나의 첫 반응은 '구글도 신입사원을 뽑아?'였다.

그도 그럴 것이 당시 구글코리아에는 학부 졸업생이 손에 꼽을 만큼 적었다. 구글플레이와 유튜브가 폭발적으로 성장하기 직전이어서 사람들은 구글코리아의 사무실이 국내에 있는지조차 몰랐다. 그래서 구글코리아는 지원하려고 점찍어두었던 회사 목록에 처음부터 있지도 않았다.

구글의 매출 대부분이 광고 수익에서 나온다는 것도, 그리고 그곳에 디지털마케팅이라는 큰 세계가 존재한다는 것도 그때 처음 알았다. 도대체 구글이라는 곳이 어떤 회사인지, 또 어떤 포지션을 뽑는 것인지가 궁금해서 먼저 입사한 동기를 만났다. 그러고는 마치 운명처럼 단숨에 그 새로운 세계의 이야기에 사로잡혔다. 우연히 찾아왔지만 단숨에 내 마음을 울리는 이야기들의 연속이었다. 그렇게 나의 구글 입사기가 시작되었다.

지원 절차는 시작부터 모든 것이 굉장히 낯설었다. 이력서를 제출하고 며칠 지나지 않아 처음 보는 이상한 번호로 전화가 한 통 왔다. 싱가포르에 위치한 구글의 채용담당자였다. 갑자기 외국인한테서 국제전화가 오니 겁부터 덜컥 났다. 제아무리 교환학생으로 해외에 다녀왔어도 워낙 실력이 부족해 영어는 여전히 두렵기만 한 존재였다.

혹시 잘 알아듣지 못할까봐 황급히 이어폰을 귀에 꽂고 온 몸의 신경을 집중해서 담당자가 물어보는 질문에 하나씩 대답했다. 직접 얼굴을 마주보고 영어로 대화하는 것과 스피커 너머로 목소리만 들으면서 대화하는 것은 하늘과 땅 차이여서 식은땀이 날 정도로 긴장되는 순간이었다.

그 과정을 거치고 난 후 구글코리아 사무실에서 각 50분씩 총 네 번의 면접을 봤다. 면접에서는 크게 네 가지 부분을 살펴보았다.

① 리더십Leadership
② 지원 분야에 대한 지식과 역량Role-related Knowledge
③ 지원자의 논리적 사고력General Cognitive Ability, 이하 GCA
④ 구글 문화와의 적합성Googleyness

①번은 일반적인 다른 회사의 질문 항목과 비슷했다. 그동안의 경험 중 리더십 경험에는 어떤 것들이 있는지, 나의 장단점이나 어려운 도전들을 해결해 왔던 과정 등을 디테일하게 물었다. 그동안 가졌던 경험을 잘 정리하여 준비했다면 특별한 어려움 없이 대답할 수 있었다.

②번은 면접을 보기 전에 따로 준비하고 공부를 해야 했다. 디지털마케팅에 대해 완전 무지한 상황이었기 때문에 인터넷을 통해서 직접 찾아보며 준비했다. 구글의 투자자 참고자료IR를 읽어보거나

위대한 회사의 평범한 신입사원

뉴스를 찾아보면서 구글 관련 회사의 현재 상황을 이해하고, 앞으로는 어떻게 비즈니스가 전개될 것인지에 대한 생각도 정리하면서 대비했다.

가장 까다로운 부분은 ③번이었다. 쉽게 말해 주어지는 특정 비즈니스 상황을 듣고 논리적으로 문제를 해결하는 과정을 보여주는 것이었다. 예를 들어 '내년까지 사업 A의 매출을 두 배로 만들고 싶다면 무엇을 할 것인가' 혹은 '당신이 브랜드 B의 마케팅 담당자라면 어떤 마케팅 전략을 세우고 싶은가'와 유사한 질문들이었다. 단순히 이것저것 할 거라고 아이디어를 나열하는 것보다 논리적으로 왜 이 해답이 여러 다른 옵션들에 비해 최선책인지를 보여주는 것이 중요했다. 흡사 경영전략 컨설팅 회사에서 진행하는 케이스 인터뷰와 유사한 느낌이었는데 그동안 스터디를 하면서 케이스 인터뷰 준비를 많이 한 덕에 까다로운 질문들에도 크게 당황하지 않을 수 있었다.

④번은 구글의 독특한 기업 문화와 지원자의 궁합이 잘 맞을지를 살펴보는 과정이었다. 구글에는 몇 가지 중요하게 생각하는 기업 문화가 있는데, 예를 들어 다양성과 팀워크, 불확실성 속에서도 구체적으로 문제를 도출하고 해결하려는 정신, 그리고 기업 이익보다 사용자의 편익을 고려하는 태도 등이 대표적인 가치였다. 그래서 이런 부

분들을 확인할 수 있는 그간의 경험이나 생각을 물어보고 각 지원자가 기존 직원들과 비슷한 철학의 토대 위에서 잘 융합될 수 있을지를 살폈다.

물론 이런 네 가지 질문에 대해 논리적으로 대답을 잘해야 하는 것은 기본이었다. 예상되는 질문과 대답을 미리 정리하고, 해당 산업에 대해 깊이 공부하며, 면접관으로 들어올지도 모르는 외국인과의 면접을 위해 모든 것들을 영어로도 준비하는 과정은 매 면접마다 늘 필요했다. 하지만 면접들을 하나씩 거치면서 놓치기 쉬운 디테일들을 고려하는 것 또한 그런 준비들 못지않게 중요하다고 느꼈다.

예를 들어 나의 경우 ③번 GCA 인터뷰 때 종이에 적고 그려가면서 설명하기 위한 좋은 다이어리 노트와 펜을 미리 준비해 갔는데 그 모습을 본 면접관이 굉장히 흡족해 했다. 면접 중간에 종이와 펜이 없어 면접관이 가져다주는 상황보다 본인의 가방에서 좋은 필기구를 꺼내는 편이 당연히 보기에 좋았을 것이다.

또 다른 예로, 그동안 직접 만들었던 프레젠테이션 자료를 미리 인쇄해 면접 때 지참하는 것이었다. 대화를 하다가 자세히 설명을 해야 하는 경우가 생기면 프레젠테이션 자료를 꺼내어 같이 보면서 설명을 하였는데, 말로만 설명하는 것보다 확실히 전달력이 높을 수밖에 없었다. 이 모든 것이 지난날 깨우쳤던 '악마는 디테일에 숨어 있다The devil is in the detail'는 배움 덕분이었다.

그와 더불어 면접은 늘 쌍방향 커뮤니케이션이라는 사실도 잊지 않아야 했다. '뽑아주는 곳'에 간다는 마음으로 면접에서 간택당하길 바라기보다 회사가 정말 내 적성과 기준에 적합한 곳인지를 살폈다. 뒤에 자세히 소개하겠지만 과연 내가 만들었던 첫 직장을 고르는 다섯 가지 기준에 이 회사와 팀이 잘 들어맞을지를 조목조목 뜯어보는 것이었다. 면접관의 어깨너머로 보이는 사무실 분위기, 직원들 사이에 오고가는 대화들, 그리고 면접장 안에서 오고가는 이야기의 농도까지…. 내가 면접을 받고 있는 상황이지만 오히려 마음의 여유를 가지고 이런 점들을 살피다 보면 어느 순간 면접 자체도 좀 더 자신감 있고 당당하게 임할 수 있었다.

네 번의 면접이 끝나고 마지막으로 채용위원회Hiring Committee 및 임원 리뷰Executive Review가 진행되었다. 채용담당자가 네 번의 면접 결과를 모으고 추가적으로 필요한 자료와 정보를 내게 넘겨받아 다양한 직급의 사원들로 이루어진 채용위원회에 넘기면 위원들이 다시 한 번 꼼꼼하게 살펴보는 단계였다.

이 단계부터는 이제 모든 공이 내 손을 전부 떠난 후였기 때문에 내가 할 수 있는 거라곤 기다림이 전부였다. 나는 할 수 있는 최선을 다했노라고 스스로에게 최면을 걸었다. 나중에 혹시 잘 안되더라도 크게 상처받지 않으려면 이렇게 미리 최면이라도 걸어서 '괜찮다'라고 스스로 계속 말해주는 수밖에 없었다. 간절한 마음으로 기다리는 시간이 이어졌다.

그러던 어느 화요일 아침. 또다시 국제전화가 한 통 걸려왔다. 그 번호를 보자마자 곧바로 합격 혹은 불합격을 알리는 전화임을 직감했다. 심장이 미친 듯이 뛰기 시작했다. '제발, 제발, 제발⋯.' 전화를 받기 전에 두 눈을 질끈 감고 몇 번을 되뇌었는지 몰랐다.

합격이었다.

수화기 너머로 한참 동안이나 연봉과 보너스 같은 보상체계에 관련된 설명이 채용담당자로부터 이어졌지만 내 귀에는 그런 게 들릴리가 없었다. 펄쩍펄쩍 뛰고픈 마음을 붙들어 매고서 겨우 통화를 끝마쳤다. 마침내 그토록 오랜 시간 동안 꿈꿔왔던 직장인이 된 것이다. 그리고 그건 내 20대를 짓눌렀던 지독한 실패의 끝이기도 했다. 영화 〈행복을 찾아서〉의 엔딩 크레디트가 끝날 때까지 먹먹하게 앉아 있던 그때로부터 6년, 그리고 그 실패의 늪에서 간절한 마음으로 계획표를 만든 지 정확하게 3년 만에 일어난 일이었다.

위대한 회사의 평범한 신입사원

구글과 함께 성장한 나

첫 출근은 합격 전화를 받은 지 일주일 만에 바로 이루어졌다. 미처 뭔가를 준비하기도 전에 갑자기 대학생에서 직장인으로 급격하게 신분이 바뀌어버렸다. 덕분에 같이 진행 중이던 다른 회사 면접도 전부 중도에 중단해야 했다.

다행히 나는 큰 미련 없이 구글을 선택할 수 있었다. 내가 가진 다섯 가지 기준에 비추어 보았을 때 나에겐 구글보다 더 나은 선택지가 없었다. 첫 출근을 하던 날 아침, 회사 로비에 우두커니 서서 한참 동안이나 오가는 사람들을 둘러보았다. 이곳에 서기까지 얼마나 많은 시간 동안 애써왔던가. 조금은 담담하고 복잡 미묘한 감정과 함께 드디어 나의 회사 생활이 시작되었다.

'세계 최고의 회사. 가장 일하고 싶은 회사. 가장 혁신적인 회사.'

다양한 매체를 통해 이런 화려한 문구들로 소개되었던 구글. 그런 구글의 첫 인상은 조금 독특하고 새로웠다. 당시 구글코리아에는 공채가 없었던 탓에 각 팀별로 필요한 팀원을 한 명씩 뽑았는데, 그러다보니 그날 입사하는 사람이 한국에서 나밖에 없었다. 당연히 한국 대기업에서 주로 진행하는 신입사원 연수라는 게 있을 리가 없었고, 같은 날 동시에 입사하는 입사 동기도 없었다.

그냥 다음 주 월요일 아침까지 회사로 가라는 외국인 채용담당자의 이메일 하나가 전부였다. 따로 한국 오피스에서 전화가 와 사전에 첫 출근 안내를 해준다든지 하는 것도 없었다. 지금 생각해보면 좀 웃긴 이야기이지만 아침에 어리둥절한 표정으로 회사를 찾아가 '저기… 오늘부터 시작하는 신입사원인데요…'라고 프런트데스크에 말하는 것이 정규직 사원으로서 이 회사의 누군가에게 건넸던 첫마디였다.

그런 구글에서는 많은 것이 매우 자율적이었다. 일례로 입사 후 얼마 안 되어 인도의 하이데라바드Hyderabad라는 곳으로 트레이닝을 받으러 가게 되었는데, 열흘 정도의 긴 출장이었음에도 신입사원인 나를 그곳에 혼자 보내버릴 정도였다. 내가 그 출장에 대해 아는 거라곤 인도의 담당자 이메일 주소와 트레이닝 일정, 그리고 하이데라바드 오피스의 주소뿐이었다.

비자를 받는 것도, 비행기 티켓을 사는 것도, 숙소를 정하는 것도 모두 직접 해야 했고 심지어 인도의 공항에 내려 회사를 찾아가는 것도 주소 하나만 달랑 들고 혼자 찾아가야 했다. 이제는 그런 것들이 매우 익숙해졌지만 그때는 원래 회사가 그런 건가 하고 정말 당혹스러운 마음이었다. 너무 자율적인 나머지 도리어 아무도 챙겨주지 않는 것 같은 그런 당혹감이었다.

입사 초반에 또 하나 신기했던 것은 직원들이 서로 간에 커뮤니케이션을 좀 과하다 싶을 정도로 많이 한다는 점이었다. 내가 그동안 머릿속으로 그렸던 회사 사무실은 기본적으로 조용한 곳이었다. '업무 공간'이라고 했을 때 머릿속에 떠오르는 바로 그런 이미지 말이다. 그런데 구글 사무실은 여기저기 왁자지껄했다. 사무실 곳곳에 먹을 음식들이 준비되어 있는 '마이크로 키친Micro Kitchen'이라는 휴게 공간이 있었고, 그곳엔 항상 즐겁게 대화를 나누고 있는 사람들이 많이 있었다.

그런 커뮤니케이션 중에서도 특히 원온원One on One, 1:1 이라는 미팅 문화는 가장 독특한 부분이었다. 원온원이란 말 그대로 일대일로 하는 미팅이었는데, '원온원 한번 하실까요?'라는 말을 하는 것이 전혀 어색하지 않은 문화였다. 궁금해서 물어보고 싶은 게 있다거나 아니면 그냥 친해지고 싶다거나, 무슨 이유든 상관없었다.

같은 팀뿐만 아니라 다른 팀 사람도 괜찮았고 직위의 높고 낮음도 상관없었으며, 심지어 화상회의를 통해 해외에 있는 다른 팀 직원과도 할 수 있었다. 원온원을 하기로 한 시간에 마이크로 키친이나 회의실에서 만나 30분이든 1시간이든 이런저런 이야기를 나누는 것이 구글 오피스에서는 굉장히 자연스러운 풍경이었다.

이런 개방된 커뮤니케이션은 회사 창업자나 직위가 높은 임원이라 해도 크게 다르지 않았다. 매주 금요일이면 TGIF라는 행사를 가졌는데 구글의 두 창업자인 래리 페이지Larry Page와 세르게이 브린 Sergey Brin이 거의 예외 없이 매주 나와 전 세계 모든 직원들에게 지금 회사가 무엇을 하고 있는지를 정말로 투명하게 공유했다. 내용 공유가 끝나면 곧바로 그 자리에서 실시간으로 직원들의 질문을 받고 일일이 대답도 다 해줄 정도였다. 내가 몸담고 있는 회사가 어떤 방향으로 나아가고 있는지 그리고 어떠한 생각과 무슨 전략을 가지고 있는지를 각 분야의 최고 책임자로부터 매주 들을 수 있다는 것은 진귀한 경험이 아닐 수 없었다.

이렇게 사내에서 커뮤니케이션이 중요시 되는 만큼 업무를 위한 미팅도 굉장히 많았다. 매일 몇 시간씩 미팅하는 것은 당연한 일이었고, 몇 개가 30분 단위로 연달아 잡히는 일도 흔했다. 이리저리 회의실을 찾아 뛰다보면 하루가 금방 지나가버리기 일쑤였다. 하지만 그래도 내가 입사 전부터 기대했던 바처럼 회의 참석자 모두가 자유롭게 본인 의사를 피력할 수 있는 수평적인 문화가 있어 지루할 틈이 없었다. 오히려 회의 때 아무 말도 하지 않으면 미팅에 들어올 필요가 없다고 생각할 정도여서 신입사원이었음에도 어떻게든 의견을

위대한 회사의 평범한 신입사원

제시해보려 회의 내내 집중하고 또 집중해야 했다.

이런 새로움과 자유로움 그리고 조금은 신기했던 회사생활은 서서히 나를 긍정적인 방향으로 변화시켰다. 교환학생이었던 10개월 동안에도 더 큰 세상을 보면서 스스로 많이 바뀌었다고 생각했었는데, 구글에서의 처음 몇 달은 교환학생 경험보다 더욱 극적인 변화들을 가져다주었다.

그렇게 구글이라는 회사에 적응하면 할수록 오랜 세월 TV 같은 미디어나 주변에서 들은 말들로부터 생긴 회사에 대한 여러 가지 고정관념들이 하나씩 벗겨져 나갔고, 그렇게 조금씩 고정관념들로부터 탈피하자 세상을 바라보는 시야도 덩달아 넓어지기 시작했다. 지금껏 내가 살아왔던 세상 바깥에 훨씬 큰 세상과 가능성이라는 것이 존재한다는 것을 어렴풋이 느끼기 시작한 것도 바로 이때쯤이었다. 오랜만에 가져보는 그 느낌이 그렇게 설렐 수가 없었다.

하지만 이때만 해도 취업이 가져다주는 달콤한 만족감에 푹 빠져 미처 몰랐다. 좋은 회사에 들어가기만 하면 내가 꿈꾸던 서른이라는 나이가 그저 아름답게 완성될 줄만 알았다. 하지만 얼마 지나지 않아 나는 또 다른 거대한 도전과 맞닥뜨리게 되었다. 대입 수능시험이 도전의 끝이 아니었듯 취업도 더 거대한 도전을 위한 또 하나의 관문일 뿐이었다는 것을 금방 뼈저리게 느끼게 되었다.

"5%는 불가능해도 30%는 가능하다."

— 세르게이 브린

꿈에 그리던
회사가 아니었을 때

정말 잘할 수 있을까

구글에 입사하기 전, 마지막 인턴십을 했던 보스턴컨설팅그룹
Boston Consulting Group은 오래도록 꿈에 그리던 회사 중 하나였다. 공
대생으로서 엔지니어가 되는 길을 접고 비즈니스와 관련된 일을 하
겠다고 결심했을 때부터 꿈꾼 회사였다.

오마에 겐이치라는 사람을 알게 되고, 그래서 맥킨지앤드컴퍼니
McKinsey & Company라는 회사를 알고 난 이후부터 항상 마음속에 목

표처럼 자리 잡고 있었다. '과연 재주도 없는 공대생인 내가 저곳에서 일하려면 어떻게 해야 하는 걸까?'라는 물음에서부터 시작해 인턴십을 따내기까지 수 년의 시간이 걸렸다. '과연 할 수 있을까'라는 불안감과 '할 수 있을 거야'라는 위로를 벗 삼아 계획하고 실행하고 좌절하며 환희했던 수많은 애환과 노력의 시간이었다.

그렇기 때문에 그런 꿈같은 회사에서 일하고 있던 현직 컨설턴트들이 내게는 너무나도 대단하고 거대한 존재로 다가왔다. 뭐랄까, 부럽다는 감정과 동시에 일종의 경외감마저 느껴질 정도였다. 그래서 그런 사람들과 하루에 10시간 이상을 같은 공간에서 일하고, 또 한편으로 나의 능력과 재능을 그들에게 평가받는 것이 굉장히 부담스러운 일일 수밖에 없었다.

왜냐하면 그 두 달 남짓의 인턴십을 통해 앞으로 내가 이 회사에서 일할 수 있는 정도인지, 소위 말해 그만한 '깜냥'이 될 것인지를 판단할 수 있게 되기 때문이었다. 인턴십 성적표에 따라 내 꿈은 겨우 그 자리에 가까스로라도 턱걸이하거나 아니면 좀 더 현실적인 방향으로 후퇴할지도 모를 터였다.

이러한 이유로 인턴십 초반의 나는 굉장히 초라해질 수밖에 없었다. 새로 받은 노트북도, 회사 시스템도 아직 낯설기만 한데 잘해야 한다는 부담감에 절로 긴장하고 주눅이 드는 날들이 이어졌다. 아웃

렛에서 산 나의 기성 정장과 컨설턴트들의 고급스런 맞춤 정장 사이의 대비만큼이나 나는 점점 의기소침해지는 느낌이었다. '혹시 실수하지는 않았을까', '혹시 내가 준비한 내용이 기대에 못 미치지는 않았을까' 하는 조바심과 걱정의 연속이었다.

하지만 그와 동시에 마음 한구석에서는 언젠가 나도 그들과 동등한 위치에 서고 싶다는 욕심이 무럭무럭 피어올랐다. 이 인턴십을 성공적으로 잘 마무리해서 나도 그 정도의 깜냥이 된다는 것을 꼭 증명해 보이고 싶었다.

그러기 위해 사실 가장 필요한 것은 자신감이었다. 실력이 단시간에 갑자기 향상될 리는 없지만 초라한 마음으로 항상 주눅이 들어 있어서는 원래 가지고 있는 실력마저도 100퍼센트 다 보여주지 못할 것만 같았다. 어떻게 해서든 잃어버린 자신감을 되찾아 현재 내가 가지고 있는 실력만큼이라도 후회 없이 발휘하고 싶었다. 그렇게 해야 설령 나중에 어떠한 피드백을 받든 스스로 아쉬워하지 않고 결과에 납득할 수 있을 것만 같았다. 어떻게 해야 이 잃어버린 자신감을 다시 되찾을 수 있을까?

고민 끝에 고안해낸 방법은 마치 주문을 외는 것처럼 매일 아침 출근길에 스스로에게 보내는 '편지'를 읽는 것이었다. 스스로에게 보내는 편지라니 좀 황당한 이야기일 수도 있지만 뭔가 자기암시의 힘에 대한 글을 봤던 것이 기억나서 시도해 보기로 했다. 편지에는 대략 아래와 같은 다짐과 격려가 담겼다.

'그동안 누구보다 열심히 살아왔으니 주눅 들지 말고 좀 더 당당해지자.'

'꿈꾸던 일이 목전에 왔으니 하던 대로만 차분히 잘하자.'

'나도 할 수 있다. 내가 못해내면 세상 그 누구도 못해낼 것이다.'

매일 아침 출근하는 사람들 틈바구니 속에서 편지를 조용히 읽고 또 읽었다. 편지를 읽기 시작하는 처음에는 항상 담담하다가도, 끝에 가서는 매번 가슴이 먹먹하고 벅차오르는 느낌이었다. 그동안 얼마나 하고 싶었던 일이었던가. 이제 딱 한 걸음만 더 가면 드디어 나도 똑같은 위치에서 일할 수 있다고 스스로 다독여주었는데, 신기하게도 그렇게 한 번 감정의 파도가 휩쓸고 지나가면 한결 마음이 편하고 당당해졌다.

나는 그렇게 항상 좀 더 밝은 표정으로, 좀 더 자신감 있는 걸음걸이로 매일 아침 나만의 전쟁터로 출근하였다. 그런 자기암시가 통해서였을까. 결국 인턴십이 끝나는 날, 준수한 성적표를 받아들었다. 성적도 성적이지만 무엇보다 이만하면 나도 이 회사에 도전할 수 있겠다는 생각에 정말 다행이라고 생각했다. 그저 내 꿈이 더 이상 작아지지 않아도 된다는 사실에 감사할 따름이었다.

그 이후 6개월 남짓의 시간이 흘러 구글에 처음 입사했을 때도 나의 심정은 인턴십 때의 그것과 엇비슷했다. 국제전화로 연락 오는 외국인 채용담당자, 면접을 볼 때 느껴지던 면접관들의 아우라, 그리고 그들의 어깨너머로 비치던 사뭇 다른 분위기의 사무실까지…. 거기에 더해 미디어를 통해 화려하게 스포트라이트를 받고 있던 구글이라는 회사는 아직 대학 졸업장도 갖지 못한 사회 초년생에게는 굉장히 거대한 존재로 다가왔다.

화상회의 때마다 쏟아지는 영어와 무슨 말인지 이해가 안 되는 업계의 전문 용어들도 점점 더 나를 위축시키기에 충분한 요인들이었다. 일주일 만에 갑자기 대학생에서 직장인이 된 나에게는 어쩌면 너무 갑작스레 다가온 변화였는지도 몰랐다.

그 때문에 구글이라는 회사는 점점 더 내 손이 닿지 않는 곳에 존재하는 것만 같은, 더욱더 위대하기만 한 회사가 되어 갔다. 내가 소속되어 있는 회사인데도 뭔가 모를 이질감이 들었다. 그와는 반대로 한없이 평범한 신입사원이던 나는 점점 더 위대하지 못한 그저 그런 평범한 사람이 되는 것만 같았다.

위대한 회사의 평범한 신입사원

뭔가 어울리지 않는 옷을 입고 있는 것 같은 느낌이랄까. 입사의 설렘이 채 가시기도 전에 나는 또다시 회사에 어울리는 일원이 되고 싶다는, 아니 평범함을 너머 비범한 일원이 되고 싶다는 압박감에 시달렸다. 언제쯤 나도 다른 동료들처럼 여유롭게 이 회사에 녹아들 수 있을까?

구글에 있는 동료들의 면면은 정말 화려하기 그지없었다. 아직 초보 직장인인 나에게 회사에 있던 모든 사람들이 그렇게 멋져 보일 수가 없었다. 오랜 시간 디지털마케팅 일선에서 많은 경험을 해오고 있었고, 그동안 누구 못지않게 최선을 다해온 사람들이었다. 더불어 모두 내가 갖지 못한 다방면에 능력이 많기까지 했다. 영어는 물론 제2외국어도 잘하는 사람, 프로그래밍도 할 줄 알고 웹사이트도 만들 줄 아는 사람, 그리고 커뮤니케이션을 정말 기가 막히게 잘하는 사람까지 하나의 팀 안에서도 각자의 특색이 돋보였다. 성격도 좋고, 입담도 좋아서 좌중을 매료시킬 수 있는 그런 소프트 스킬soft skill은 덤이었다.

그런 훌륭한 동료들을 얼른 따라잡아 함께 보조를 맞추려면 단순히 열심히 하는 것 이상의 무언가가 필요했다. 언제까지나 회의 시간에 꿀 먹은 벙어리처럼 눈만 껌뻑이고 있을 수는 없는 노릇이었다. 그래서 마치 보스턴컨설팅그룹에서 인턴십을 했을 때 매일 아침 편지를 읽었던 것처럼 구글 직원이 된 지금도 무언가 목표를 정하고 스스로 격려하면서 하루하루 조금씩 전진해야겠다는 생각이 들었다.

'나는 이 팀에서 어떤 직원이 되어야 할까?'

먼저 이 질문에 대한 대답을 머릿속에 선명한 이미지로 떠올려보는 것이 내가 해야 할 첫 번째 일이었다. 그냥 시간이 흐르는 대로 상황이 되어 가는대로 내버려두기보다 어떤 사람이 되고 싶은지 그 이미지를 머릿속에 그려두고 그걸 향해 달려가는 편이 훨씬 빠르게 성장할 수 있는 길이라는 생각에서였다.

어느 주말, 텅 빈 사무실에 혼자 자리를 잡고 앉아 오래도록 나 자신에 대해 고민하기 시작했다. 나는 다방면에 재주가 있는 것도 아니고, 소프트 스킬도 그저 그런 특색 없는 사람이었지만 그래도 그동안의 여정을 되돌아보면 성실, 신뢰, 책임감 같은 단어들이 어울리는 사람은 될 수 있을 것 같았다. 일을 맡기면 항상 최선을 다해 책임지고 마무리 지을 거라 믿음이 가는 그런 사람. 단숨에 사람들을 매료시킬 특색은 부족하지만 반대로 이런 점들이 나의 최대 장점이 될 수 있었다.

이런 나만의 장점이 극대화될 수 있도록 이 팀에서 앞으로 취해야 할 자세는 분명했다. 나는 좀 더 구체화해서 '나의 매니저가 본인의 매니저로부터 당장 내일까지 급하게 무언가를 해달라고 요청받았을 때, 믿고 일을 부탁할 수 있을 만큼 머릿속에서 제일 먼저 떠오르는 바로 그 사람'이 되어야겠다고 목표를 정했다. 그리고 매일매일 이 이미지를 머릿속에 그리면서 스스로 격려해 나갔다.

이렇게 구체적으로 지향해야 할 모습을 그려봤더니 그제야 비로소 어떤 노력을 기울여야 할지도 분명히 보였다. 팀에서 꼭 필요로 하는 일, 가장 잘 알고 있어야 하는 일들을 묵묵히 뒤에서 다져 나가기 시작했다. 목표를 달성할 수 있을 만한 일들을 찾아서 누가 시키지 않아도 닥치는 대로 하기 시작했다. 목표가 분명하니 매순간 눈에 띄지 않는다고 조급해 할 필요도 없었고 천천히 내 방식대로 노력을 기울여 나갈 수 있었다. 언젠가 누군가는 알아줄 터였다.

그렇게 2년쯤의 시간이 흘렀을까. 나 스스로 내가 팀에 필요한 가치를 창출해내는 팀원이라고 생각할 수 있게 되기까지 적지 않게 걸린 시간이었다. 지향해야 할 목표를 정해두고서 묵묵히 오랜 시간 동안 공들인 끝에 마침내 회의에서 자신 있게 의사를 피력할 수 있게 되었고, 많은 클라이언트들 앞에서도 긴장하지 않을 수 있게 되었다.

또한 많은 분들에게 도움을 받아가며 함께 일하는 법도 배우게 되었고 소프트 스킬도 점점 늘어갔다. 맡은 일에서 이렇게 자신감이 생기자 덩달아 결과도 함께 좋아졌음은 말할 것도 없었다. 그러는 사이 나는 APAC^{아시아 태평양} 최고 영업사원으로 선발되었으며, APAC 최고 혁신상을 수상했다.

돌이켜보면 인턴십을 하면서 주눅 들었던 마음을 반전시킨 것도, 구글에 처음 입사했을 때의 어리숙함을 극복한 것도 결국 새롭게 고쳐먹은 마음가짐에서부터 시작되었다. 스스로에게 편지를 읽어주면서 잃었던 자신감을 불러일으키거나 목표를 정해두고서 조급해 하지 않고 묵묵히 할 일을 하나씩 해나갔던 바로 그런 마음가짐들 말이다.

이렇게 마음가짐과 쌓아온 실력이 서로 박자가 맞을 때라야 비로소 좋은 결과가 나타났다. 하지만 이 모든 결과들보다도 점점 "더 큰 가능성을 꿈꾼다"라는 생각이 찾아들기 시작했다는 점이 기뻤다. 더 큰 가능성을 꿈꾼다, 라는 그 멋진 일이, 한동안 잊고 있던 바로 그 일이 내게도 서서히 찾아오는 것이었다. 좀 더 성장하고 싶다는 욕심이자 설렘이었다.

영어로 일할 수 있다? 영어로 일을 잘할 수 있다?

처음에 구글 재팬Google Japan으로 가게 되었다고 이야기를 하였을 때 주변의 반응은 대체로 엇비슷했다. 당연히 축하해주면서도 동시에 이런 점들을 궁금해 했다.

'왜 구글 코리아를 떠나서 해외로 나가려고 하는 거야?'
'왜 하필이면 일본이야? 일본어 원래 할 줄 알았어?'

질문을 하는 사람들 중 열에 아홉은 '왜 하필이면 일본인지'를 꼭 물었다. 좀 더 정확하게는 본사가 있는 미국이 아니라 어째서 히라가나를 읽지도 못하면서 일본으로 가려고 하는 것인지 많이들 의아해 했다. 내가 일본에서 살다 온 적이 있는지 혹은 지인이 있는 것인지도 단골 질문이었다. 물론 나는 일본어를 못 하는 것은 물론 일본에 아무런 연고가 없는 사람이었다. 그래서 그렇게 대답하면 또다시 왜 내가 그런 뜬금없는 결정을 내린 것인지 궁금해 했다.

하지만 이 결정이 어느 날 갑자기 아무런 대책 없이 내린 것은 아니었다. 크고 작은 여러 요소들을 많이 고민했지만 무엇보다 '디즈니랜드'에서 경험했던 일이 이 결정을 내리는 데에 크게 작용했다. 맞다. 뜬금없지만 바로 미키마우스가 있는 디즈니랜드였다. 그곳에서 겪었던 일들이 늘 마음에 걸렸기 때문에 다소 이런 뜬금없어 보이는 결정을 내릴 수밖에 없었다. 디즈니랜드가 아이들에게는 꿈과 희망의 나라였을지 몰라도 내게는 스스로의 한계를 깨닫게 되는 계기가 되는 곳이었기 때문이다.

구글에는 대학을 갓 졸업하고 입사한 신입사원들의 성장을 돕기 위해 전 세계 공통으로 운영하는 2년 프로그램이 있었다. 2년 동안 업무를 하는 중간에 회사에서 제공하는 트레이닝에 참여해 앞으로 커리어를 쌓아나가는 데에 필요한 스킬들을 배우는 것이다. 운 좋게도 나는 이 프로그램을 통해 APAC 우수 신입사원에 선발되었는데 그 포상이 바로 전 세계에서 선발된 다른 지역 대표들과 디즈니랜드에서 받는 리더십 교육이었다. 디즈니라는 회사가 어떻게 오랜 시간 동안 콘텐츠 업계에서 성공할 수 있었는지를 배우고, 디즈니랜드의 놀이기구와 무대의 뒤편에서는 어떤 일이 벌어지고 있는지를 눈으로 직접 보고 경험하는 교육 프로그램이었다.

처음에는 신입사원 대표로 선발된 것도 기뻤고 난생 처음 가보는 디즈니랜드도 그저 너무 설레기만 했다. 더불어 한국이 아닌 다른 나라에서 나랑 비슷한 경력을 가지고 있는 친구들이 어떻게 일하고 있는지를 볼 수 있다는 점 또한 기대가 컸다. 크게 생각하면 언젠가 나와 경쟁하게 될지도 모르는 친구들이기도 했다. 하지만 설렘과 들뜬 마음은 도착한 지 몇 시간 지나지 않아 산산조각이 났다. 스무 명 남짓의 참가자 중 당연히 한국인은 나밖에 없었고, 영어 실력도 그중 가장 모자라서 창피하지만 그들 틈에 제대로 끼지 못하고 겉돌게 된 것이었다.

한국과 다른 토론 형식의 교육 과정, 서양 문화 중심의 이야기 전개, 아일랜드나 인도 같은 다양한 영어 발음이 한데 섞이면서 어느 순간 나는 대화에서 완전히 뒤처지고 말았다. 그냥 1 대 1 대화라면 적당히 속도를 조절하면서 따라갈 수 있었지만 단체로 여럿이서 이야기를 하게 되면 대화 속도가 너무 빨라서 도무지 말할 수 있는 틈이 생기지 않았다.

상대방 말을 끝까지 듣고 내 생각을 정리한 후 조심스럽게 의사를 전달하는 한국 문화와 달리, 그들은 대화 중간에라도 거리낌 없이 본인이 생각하는 바를 빠르게 툭툭 던졌다. 게다가 대화 곳곳에 서양식 유머와 위트를 녹여내면서 분위기를 유쾌하게 만들었다. 하지만 한국에서 나고 자란 내게는 그런 스킬이 있을 리 없었다. 그들의 유머 코드를 이해하지도 못했을 뿐더러 그렇게 빠르게 생각이 입 밖으로 튀어나오지도 못했다.

심지어 미국에서 참가한 어느 친구의 이야기는 나를 까무러치게 만들 만큼 충격적이었다. 아무리 한국 오피스가 작았다지만 그 친구 혼자 담당하는 매출액이 한국의 우리 팀 전체 매출과 맞먹었던 것이다. 그동안 어렴풋이 차이를 느끼고는 있었지만 직접 듣고 나서야 비로소 실감했다. 그동안 열심히 해왔지만 나는 철저히 우물 안 개구리였다는 사실을. 한국 바깥에 엄청난 크기의 세계와 내가 배우고 경험해야 할 것들이 산적해 있다는 사실을 말이다. 그리고 그 넓은 세상에서 뜻을 펼치려면 지금보다 훨씬 더 나은 영어 실력이 필수라고 생각했다.

'영어로 일을 할 수 있다'와 '영어로도 일을 잘 한다'는 분명 다르다.

디즈니랜드에 리더십을 배우러 갔지만 내게 가장 강렬하게 남은 생각은 바로 이것이었다. 지난 몇 년 동안 영어를 자주 사용하면서 일해 왔지만 정작 세계무대에서 영어로 일하면서도 일을 잘한다는 이야기를 듣는 건 차원이 다른 것이었다. 영어로 일을 할 수는 있었지만 영어로 매일 외국인과 토론하고 때때로 그들의 반대를 논리적으로 이겨내고 설득하는 일은 결코 쉬운 일이 아니었다. 당시 나의 직속 매니저는 한국말을 하나도 할 줄 모르는 미국인이었는데 가끔 일과 관련된 상황 설명을 원하는 만큼 100퍼센트 만족스럽게 전달하지 못하는 것이 답답했었다.

게다가 하루 종일 같이 있어야 한다면 시시콜콜한 주변 이야기부터 어젯밤 뉴스에 나온 정치이야기, 한창 인기 있는 TV 드라마나 예능 프로그램에서 나오는 유행어들, 심지어 풋볼이나 NBA 경기 내용들도 이야기하게 될 텐데 이에 대한 아무런 문맥도 지식도 없는 한국에서 나고 자란 내가 미국 땅에서 그런 대화들을 능숙하게 할 수 있을 것 같지가 않았다.

이런 대화들 하나하나가 쌓여 나에 대한 인상과 평판이 되고, 그렇게 해서 이들이 나의 업무 평가에 영향을 줄 수도 있는 것이라면 결국 그래서 단지 영어 때문에 다른 능력마저 평가절하 되는 일이 생긴다면 대단히 슬픈 일이 될 거라는 데에까지 생각이 미쳤다.

그래서 '더 큰 세상으로 뻗어나가고 싶다'라는 새로운 가능성을 지키면서도 이런 예상 가능한 슬픈 일을 막기 위한 방편이 바로 가까운 APAC에서부터 단계적으로 시험해보는 것이었다. 업무에서 영어를 사용하면서도 그나마 동양적인 문화 유사성이 존재하며, 미국처럼 말의 속도가 굉장히 빠르지 않은 APAC 시장을 우선 경험하기로 했다.

'과연 나는 영어로도 일을 잘해낼 수 있는 사람인가, 아니면 한국에서 한국말로 일을 해야 할 사람인가?'

'영어로도 일할 수 있다면 APAC에서만 가능한 수준인가, 아니면 더 큰 세계무대에서도 가능한 수준인가?'

이 두 가지 질문에 대한 해답을 바로 그 시험을 통해 얻고 싶었다. 힘든 일이겠지만 무조건 안 될 거라 애당초 포기하고 싶지 않았고, 그렇다고 해서 무턱대고 도전한다고 해서 될 것도 아니었다. 그래서 두 극단적인 선택의 중간 어디쯤에서 잘 계획된 단계를 안전하게 밟는 것이 더 낫겠다는 생각이었다. 그 결론이 바로 일본, 즉 구글 재팬이었다. 그야말로 내게 꼭 맞는 잘 정돈된 도전이라고 할 수 있었다.

그렇게 계획한 도전이었지만 처음에는 모든 일을 다 영어로 처리해야 하는 것도, 너무나 넓고 다양한 APAC 마켓을 전부 다 이해하는 일도 매우 낯설고 벅찼다. 회의 중 하고 싶은 말을 제대로 전달하지 못해 너무 분한 나머지 그날 밤 집에서 다시 할 말을 영어로 생각했다가 다음날 또 회의를 잡아 논쟁하는 등 수없이 많은 에피소드가 생겨났다. 하지만 이런 수많은 일들을 극복한 끝에 다행히도 이것 하나만큼은 자신 있게 말할 수 있게 되었다.

"적어도 나는 한국에서 한국말로 일해야만 하는 사람은 아니다."

오랜 고심 끝에 선택한 도전의 어느 선상에 서 있는 서른 즈음에, 이 짧은 대답 하나를 할 수 있다는 것이 얼마나 많은 위안이 되었는지는 이루 다 말로 표현할 수 없었다. 이 도전 덕분에 생긴 더 넓은 무대와 더 큰 가능성이라는 것들이 가져다주는 심리적 위안 말이다. '아, 나도 할 수 있겠구나'라는 마음의 위안.

물론 지금까지도 나의 도전은 현재진행형이기에 앞으로도 무궁무진하게 많은 일들이 기다리고 있겠지만 이렇게라도 가능성을 확인해 보고 자신감을 얻은 것은 크나큰 소득이 아닐 수 없었다. 평범하기만 했던 신입사원 시절을 보내고 이제는 위대한 회사에 걸맞은 직원이 되고 있다는 위안과 자신감이었다.

구글 입사와 좌충우돌 신입사원 생활을 넘어 어느새 구글 재팬에서 조금씩 위안과 자신감을 찾기까지. 이 거짓말 같은 일련의 사건과 행복한 고민들은 불과 몇 년 전만 하더라도 전혀 상상하지 못한 일들이었다. 나의 20대는 '누군가는 나를 말렸어야 했다'는 후회와 번듯한 꿈 하나조차 없다는 좌절감으로 시작되었기 때문이다. 하지만 그 도전들을 딛고 하나씩 계획한 일들을 실천에 옮길 때마다 조금씩 지금의 내가 만들어져왔다.

하지만 나는 이게 끝이 아님을 안다. 나의 꿈도, 나라는 사람도 아직 완성되지 않았다. 내가 세계 무대로 조금씩 더 나아가고자 하면 할수록 아마 훨씬 더 큰 도전과 좌절들을 마주치게 될 것이다. 그런 인생의 또 다른 고비에 서 있는 지금, 젊은 날 내가 가졌던 마음가짐과 도전의 여정들을 다시 한 번 차례로 들여다보고자 한다. 그 시절 만들어둔 나만의 성공 방정식들을 다시 한 번 잘 따라가다 보면 앞으로 맞닥뜨리게 될 새로운 도전들도 다시 한 번 이겨낼 수 있지 않을까.

Chapter 2.

내가 진짜로
원하는 게 뭘까

"어떤 이가 열등감 때문에 우물쭈물하고 있는 동안, 다른 이는 실수를 저지르며 점점 우등한 사람이 되어간다."

— 헨리 링크 Henry C. Link

누군가는
나를 말렸어야 했다

차곡차곡 쌓여온 지독한 실패들

우리는 누구나 다 크고 작은 실패들을 하면서 살아간다. 살면서 치르는 모든 시험에서 항상 목표했던 성적표를 받아드는 것도 아니고, 운동경기에서 늘 이기는 것도 아니며, 가고 싶은 대학이나 직장에 매번 합격하는 것도 아니다. 낭만적이지 않은 사실이지만 우리는 첫사랑에도 대체로 실패한다. 설레는 마음으로 힘껏 애써보지만 끝내는 내 마음과는 다르게 대부분 어긋나버리곤 한다. 심지어 애쓰면 애쓸수록 그 사랑이 멀어져 가버리는 기묘한 첫사랑의 모순 또한 경험한다. 그리고는 무수히 많은 술잔들 속에 이해할 수 없는 실패의 뒷이야기들을 담아낸다.

실패는 누구에게나 이렇게 다양한 맥락 속에서 예측할 수 없는 형태로 찾아온다. 마치 삶이란 실패의 집합체인 것 마냥 수없이 많고 다양한 실패들이 늘 우리를 찾아온다. 그래도 하나 다행인 것은 이런 실패들의 대부분이 보통은 단발적으로 찾아왔다가 금방 잊힌다는 점이다. 우리에게 주어지는 새로운 시험, 새로운 시합, 또는 새로운 사랑을 통해 우리는 실패들을 치유하거나 혹은 기억의 저편에 고이 묻어둔다. 그리고는 아무 일도 없었다는 듯 신나게 또 새로운 내일을 시작한다.

하지만 때로는 아주 오래도록 고통 받는 '지독한 실패'를 경험하기도 한다. 너무 지독해서 누군가를 – 특히 간절한 마음으로 노력했던 누군가를 – 긴 시간 좌절하게 만드는 그런 실패 말이다. 아이러니하게도 내 노력의 크기와 그 실패의 지독함은 서로 비례한다. 내가 간절히 바라면 바랄수록 실패는 더욱 크고 무섭게 다가온다.

이런 지독한 실패의 끝에 오는 건 주로 자신의 삶에 대한 새로운 규정이다. 그때부터 새로운 마음가짐과 색다른 시각으로 세상을 바라보며 내 삶을 다시 평가하고 재단하기 시작하는 것이다. 만만했던 세상이 갑자기 무서워지기도 하고, 무엇이든 할 수 있을 것 같은 자신감이 무엇도 할 수 없을 것 같은 자괴감으로 뒤바뀌기도 한다. 이러한 삶에 대한 새로운 규정은 전혀 달갑지 않지만, 그렇다고 쉽게 그것들부터 벗어날 수는 없다.

'빨랐다고 해야 할까, 늦었다고 해야 할까.' 나의 지독한 첫 번째 실패는 스무 살의 봄이 채 끝나기도 전에 찾아왔다. 지금 생각해보면 정말 당돌하기 그지없지만, 2005년 두 번째 수능을 치르기 전까지는 내가 굉장히 똑똑한 줄 알았다. 첫 번째 낙방은 그저 불운이었거나 실수였겠거니 위안하면서 비교적 씩씩하게 재수 생활을 해나갈 수 있었다. 내로라하는 재수학원에서 장학금을 받아가며 수험 생활을 했으니 그런 생각이 들지 않을 수가 없었다.

이번에야말로 늘 꿈꾸던 학교에 당당히 들어갈 수 있을 것만 같았다. 나의 똑똑함에다 1년이라는 추가적인 노력의 시간이 더해졌으니 합격은 따 놓은 당상 같아 보였다. 그런데 웬걸, 사실 나는 똑똑한 게 아니라 그냥 성실한 학생이었다는 것을 깨닫는 데에는 그리 오랜 시간이 걸리지 않았다. 두 번째 낙방. 처음 경험해보는 지독한 실패의 시작이었다. 아름다워야 할 내 20대의 첫 단추가 잘못 끼워졌다.

내가 지독한 실패라는 것을 규정짓게 된 결정적인 계기는 대학교 1학년, 4월의 첫 중간고사였다. 이때까지만 해도 나는 두 번의 수능 시험 실패가 곧 잊힐 많은 실패들 중 하나일 뿐이라 생각했고 그 정도는 대학에 진학한 후 만회하면 되는 것이라고 애써 마음을 다잡고 있었다. 하지만 그건 나의 순진한 착각이었다. 두 번의 수능시험에서 똑같이 수학 과목을 망쳐버린 내게는 모든 게 수학 과목 같은 공과대의 전공시험들이 너무나도 어려웠다.

일반적으로 이공계에서 전공 관련 과목들은 시험 평균점수가 40점 언저리에서 형성되었는데, 나는 매 시험에서 정말 죽기 살기로 밤새워 공부해야 겨우 평균 근처의 점수를 받을까 말까였다. 교수님이 무슨 말씀을 하시는지 나로서는 도무지 이해가 되지 않으니 많은 시간을 들여서라도 책에 나온 수식을 전부 통째로 외울 수밖에 없었다. 그렇게라도 하면 그나마 외운 대로 나오는 문제는 풀 수 있었지만, 조금이라도 응용이 되면 문제에 손조차 댈 수 없었다. 다섯 문제가 있다면 두 문제는 풀어내고, 하나는 끄적일 뿐이고, 나머지 두 개는 시작조차 할 수 없는 식이었다. 매번 시험이 이런 식이었다.

그런데 시험이 어려웠다는 사실보다 더욱 마음이 아픈 부분은 사실 따로 있었다. 그것은 바로 그토록 어려워했던 시험에서 꼭 몇몇 동기들은 90점이나 95점을 받는다는 사실이었다. 그들은 대부분의 수업 내용을 알아들었고 때때로 무슨 말인지 알 수 없는 질문들을 했으며, 정작 시험 기간에는 나보다 더 여유 있게 공부하곤 했다. 그 친구들을 볼 때마다 '노력은 배신하지 않는다'라는 말을 되새기며 스스로 마음을 다잡고 더욱 노력을 쏟아 부었다. 입학하기 전 수능 공부할 때의 마음처럼 밤새워 하는 노력이면 충분히 해볼 만하다고 생각했다.

하지만 도서관에 더 오래 앉아 있는 만큼 더 나은 점수를 받을 거라는 순진한 믿음은 첫 번째 중간고사에서 산산이 부서졌다. 노력의 배신이었다. 그렇게 그날 이후로 대학생활 내내 내가 치러야 했던 모든 시험들은 '노력은 배신하지 않는다'는 믿음을 증명하고픈 내 마음과 이 믿음을 위협하는 극복 불가능한 현실 사이의 끝없는 싸움이 되었다. 졸업하는 마지막 순간까지 아무도 알아주지 않는 나만의 고독한 싸움이었다.

이 고독한 싸움들은 이후 아홉 학기의 대학 생활 동안 끊임없이 내게 '나의 똑똑해질 수 없음'을 상기시켜 주었다. 당연히 똑똑한 친구들은 A학점을 나는 운이 좋아야 겨우 B학점 언저리의 성적표를 받았다. 성적표에 찍히는 학점 A와 B는 딱 1점 차이지만 실제 실력은 서너 배 차이라는 것을, 그리고 나는 영영 그들을 따라잡을 수 없을 거란 걸 첫 시험부터 깨달았다. 내가 마주한 바로 이 현실이 '지독한 실패'라는 사실도 이해하게 되었다.

이런 잇단 실패들의 끝에 찾아온 깨우침은 내가 공부를 성실히 한다고 해서 똑똑해질 수 있는 건 아니라는 슬픈 사실이었다. 내 삶에 대한 새로운 규정이 찾아온 것이었다. 그리고 그걸 깨닫게 되는

내가 진짜로 원하는 게 뭘까

순간 애석하게도 내가 딛고 있는 세상은 전혀 다른 세상이 되어있었다. 똑똑한 사람이 바라보는 세상과 똑똑해질 수 없는 사람이 바라보는 세상의 풍경은 너무도 이질적이었다. 그렇게 결국 가장 빛나야 할 스무 살의 봄날들이 아름답지 못했다. 대신 온갖 패배의식이 나를 휘감을 뿐이었다. 삶은 공평하지 않다는 생각도 그제야 처음 하게 되었다. 노력과 결과가 항상 정비례하지 않는다는, 인정하고 싶지 않은 불편한 진실을 받아들여야만 했다.

불안감만 쌓이네

이 지독한 실패는 사실 두 번의 수능에서 이미 예견되었다. 지난 일 년의 시간과 노력은 어디로 가버린 것인지, 첫 번째와 꼭 같은 등급의 처참한 수학 성적표를 받아 들었을 때 이미 이 사단은 벌어지고 있었다. 수능 배치표의 어색한 급간을 노란색 형광펜으로 칠해두고 내키지 않는 마음을 안고서 지원서를 써야만 했다. 누구나 그러하듯 하나는 소신, 다른 하나는 턱걸이, 그리고 마지막 하나는 하향지원.

면접에 대비해 강남 대치동에서 일주일간 합숙도 해보고, 용하다는 강사의 대입 지원 전략 특강도 찾아 들었다. 하지만 끝내 통하지 않았다. 내키지 않는 내 마음을 누군가 알았던 것인지 그마저도 모두 탈락이었다. 차라리 잘됐다는 말이 입가에 맴돌았다. 지난 몇 년간

한 번도 생각해보지 않았던 학교와 전공에 미련이 남지는 않았다.

그러다 누군가의 장난 같은 일이 일어났다. 입학식 직전이 되어서야 소위 말하는 '문 닫고 추가 합격'이라는 것을 하게 된 것이다. 그 추가합격 전화를 받던 날의 이야기가 묘했다. 그날 아침 일찍 나는 서울행 KTX에 몸을 실었었다. 세 번째 수능마저도 실패할 수 없다는 굳은 마음으로 대치동 재수학원을 찾아 상담을 받기 위해서였다. 자취를 하기 위해 학원 주변의 방들도 살펴보면서 전의를 다지고 또 다졌다. 오가는 KTX 안에서 이번에야말로 꼭 성공할 거라며 얼마나 이를 앙다물었는지 모른다. 그런데 거짓말처럼 바로 그날 저녁 합격 전화를 받은 것이다. 어안이 벙벙해져 온갖 만감이 교차했다. 하필 그렇게 마음을 다잡은 날에 합격 전화라니….

솔직히 말해 하나도 기쁘지 않았다. 그저 말로 표현할 수 없는 복잡한 여러 감정이 뒤섞였을 뿐이었다. 하지만 추가 합격 전화를 받고 좋아서 펄쩍 뛰는 엄마에게 이 대학엔 안 가겠다고 할 수는 없는 노릇이었다. 수능 날 시험을 치르는 나보다 더 안색이 창백했고, 급기야는 그날 저녁에 앓아눕기까지 했던 엄마였다. 그런 엄마를 모른 척할 수 없었다. 그렇게 엉거주춤 파란만장한 나의 대학 생활이 시작된 것이다.

그 때문에 나는 입학식이 있기 하루 전날에야 서울에 올라왔다. 당연히 신입생 오리엔테이션은 모두 끝난 뒤였다. 입학식 날 처음 만

내가 진짜로 원하는 게 뭘까

난 친구들은 이미 서로 잘 알고 있는 눈치였다. 일찌감치 학교에 합격하고, 이미 여러 행사들을 통해 서로 제법 친해진 것 같았다. 그 친구들의 얼굴이 그렇게 즐거워 보일 수가 없었다. 분명 그들 중 많은 누군가에게는 이 학교가 꿈꾸던 바로 그 학교였을 것이었다. 반면 나는 시작부터 혼란스러웠다. 나는 왜 저 친구들 사이에서 똑같이 즐거운 표정으로 있지 못하는 것일까 하는 생각들이 꼬리를 물었다.

그런 마음으로 가는 학교가 즐거울 리 만무했다. 신입생 환영파티도, 여러 술자리들도 참가하면 할수록 내게 맞지 않는 옷처럼 불편했다. 모든 일들이 여간 마음에 들지 않았다. 여긴 내가 있을 곳이 아니라는 생각, 나는 너네보다 한 살이 더 많아, 라는 알량한 자존심, 그리고 도저히 따라갈 수 없는 수업까지 지옥 같은 대학 생활이었다.

모든 게 어그러졌다. 대학만 가면 장밋빛 미래가 있을 거란 희망, 그 희망 때문에 희생했던 내 학창 시절, 시트콤 〈남자 셋 여자 셋〉 같을 거라 꿈꿔온 대학 생활의 재미까지…. 내 인생이 이렇게 B 학점으로 영원히 낙인찍힐 것만 같은 불안감만 엄습해왔다. 이런 인생은 내가 꿈꿨던 것이 아니었다. 하지만 그걸 알면서도 내가 뭘 해야 하는지조차 알 수 없었다.

"누군가는 나를 말렸어야 했다."

내가 이과를 간다고 했을 때, 학점에 맞춰 전기전자공학을 전공한다고 했을 때, 그때 누군가는 나를 말렸어야 했다고 대학 생활 내내 분개했다. 나는 MBC 〈다큐멘터리-성공시대〉를 가장 좋아했고, 책장에 꽂혀 있는, 80년대 초 폐업 직전의 크라이슬러를 부활시킨 전설적인 기업가에 관한 책《아이아코카IACOCCA》를 읽고 그를 동경했으며, 드라마 속 수많은 '기획실장님'들을 부러워했는데 누구도 내게 진짜 좋아하는 것이 무엇인지 차분히 물어주지 못했다.

내가 진짜 좋아하는 것이 무엇인지, 내가 정말 잘할 수 있는 것은 무엇인지에 대한 대답은 눈앞에 닥친 시험 성적이라는 가짜 목적에 가려져 저 멀리 후순위로 밀려나 버렸다. 그 시험 너머에 어떠한 세상이 펼쳐져 있는지, 그 세상에 사는 사람들은 어떤 꿈을 꾸고 있는지 나는 알지 못했다.

주위에 대학을 졸업한 사람이 한 명이라도 더 많았다면 달랐을까. 학교 선생님이 '남자가 공부 좀 하면 이과지'라고 단정하지 않았다면 달랐을까. 공대 중에서 전기전자공학과가 취직이 제일 잘된다는 그런 지극히 평균적인 정답을 듣지 않았다면 조금은 더 나은 젊은 날을 보낼 수 있었을까. 나의 철없던 대학 생활은 이런 지리멸렬한 후회와 패배 의식의 연속이었다. 지독한 실패의 구렁텅이였던 것이다.

내가 진짜로 원하는 게 뭘까

"꿈을 계속 간직하고 있으면 반드시 실현할 때가 온다."

— 요한 볼프강 폰 괴테

내 꿈은
이게 아닌데

영원히 살 것처럼 꿈꾸고, 오늘이 마지막인 것처럼 살아라

누구나 한번쯤은 '꿈을 가져야 한다'라는 말을 들어봤을 것이다. 꿈이라는 것이 없으면 당장 꼭 찾아내야만 하는 것처럼 수많은 사람들이 저마다의 꿈을 이야기한다. 그런데 때로는 이 '꿈을 가져야 한다'는 말이 너무 당연한 말이어서 도리어 성의 없는 말처럼 들리기도 한다. 누군들 내 꿈 하나 갖고 싶지 않겠는가. 다만 눈앞에 닥친 일들만 너무 좋아와서, 혹은 뭘 좋아하는지 아직 찾지 못해서 그 당연한 꿈조차 갖지 못했던 것은 아닐까.

나 역시 번듯한 꿈 하나 없기는 마찬가지였다. 그 유명한 제임스 딘James Dean의 명언 "영원히 살 것처럼 꿈꾸고, 오늘이 마지막인 것처럼 살아라Dream as if you'll live forever. Live as if you'll die today." 같은 말들은 듣기엔 멋지지만 정작 내 이야기는 아닌 것 같았다. 나는 그저 최선을 다해 눈앞에 닥친 시험들을 하나씩 치렀을 뿐 특별히 좋아하는 것 없는 두루뭉술한 사람이었다. 그런 내게 번듯한 꿈은 달나라를 여행하는 꿈 마냥 아득한 이야기였다.

그렇게 꿈 없이 방황하던 내게 그야말로 직격탄을 날린 일이 하나 있었다. 서울 근교에 사시던 외삼촌댁에 며칠 머무르는 동안 겪은 일이었다. 그때의 기억은 두고두고 내 20대를 옭아맬 만큼 강렬했다. 그때까지 외삼촌은 내 주변에서 가장 성공한 사람이었다. 서울 소재 4년제 대학을 졸업해 국내 최고 회사라 불리는 곳에서 일하고 있었던 나와 비슷한 학벌, 비슷한 전공의 인생 선배였기 때문이었다. 누군가에 빗대어 내 미래를 투영해 보기에 그만한 인생 선배가 없었다.

그런 외삼촌과 집 근처 어느 식당에 갔을 때의 일이었다. 규모가 제법 있어 보이는 가게였는데, 저녁 시간을 맞아 주변 회사원들이 몰려와서인지 꽤나 분주했다. 그런 분주함 속에서 나는 유독 사장님의 서비스가 굉장히 좋다고 느꼈다. 처음 가게에 들어섰을 때도 무척 밝은 얼굴로 인사해주었고, 식사하는 내내 정말 알뜰히 우리 테이블을 챙겨주었다. 다 먹고 계산하고 나오는 순간까지 바쁜 와중에 그렇게 친절할 수가 없었다. 뭔가 이상하다고 느낀 것은 사장님을 대하는 외삼촌의 태도였다. 외삼촌은 그분을 잘 아는 것 같았다.

아니나 다를까 나의 직감은 틀리지 않았다. 알고 보니 사장님은 외삼촌의 전 직장 상사였다. IMF 사태를 거치면서 TV나 신문 등의 매체를 통해 자주 접했던 '대기업 퇴직 - 요식업 창업'이라는 바로 그 현실을 내 눈앞에서 직접 경험했던 것이다. 내가 본 사장님은 안면에 미소를 한가득 머금고 있었고, 그냥 친절했다는 말로는 부족할 만큼 너무 많이 친절했다. 후배가 찾아와준 반가움 때문이었을까, 아니면 외삼촌을 통해 찾아올지도 모르는 부서 회식 같은 단체손님의 기회 때문이었을까. 정답이 그 어느 쪽이었든 내 마음은 서글퍼졌다.

직장 후배와 고객님의 애매한 경계에서 존칭과 비존칭이 뒤섞이던 고깃집 사장님의 모습. 그분께는 죄송스러운 이야기이지만 그건 내가 살고 싶은 삶의 모습과는 많이 달랐다. 분명 그분은 외삼촌이 걸었거나 아니면 내가 걷고 있던 길을 비슷하게 앞서 걸었을 것이다. 나와 비슷한 학교에서 유사한 학과를 전공했을 것이고, 이후로도 오랜 세월을 본인의 분야에서 열심히 일해 왔을 것이다. 하지만 그 모습은 내가 늦은 밤까지 공부하면서 바라왔던 모습과는 거리가 멀었

내가 진짜로 원하는 게 뭘까

다. 이대로 그냥 시간이 흘러 30여 년쯤 후에 나 역시 그래야 한다면 행복하지 않을 것만 같았다.

어쩌면 이 마음은 당돌하기 그지없거나 무례하고 불편한 생각인지도 모른다. 대학도 재수해서 겨우 들어간 스무 살짜리 녀석이 도대체 무슨 자신감으로 '그건 내가 살고 싶은 삶이 아니야'라고 당당히 말하는지 우스워 보였을지도 모른다. 하지만 이미 지독한 실패를 경험하고 있던 내게 그날의 경험은 꼭 피하고픈 잔인한 현실 그 자체였다. 이대로 아무런 대책없이 시간이 흐르면 안 될 것만 같은 마음 속 불안함을 이렇게 말도 안되는 자신감으로라도 훌훌 털어버리고 싶었다. 그렇게 해서라도 나는 이 지독한 실패들로부터 탈출하고 싶었다.

사장님은 학생을 만날 시간이 없습니다

많고 많은 이공계 전공들 중 하필 전기전자과를 선택한 건 취직이 잘된다는 이유였다. 갈수록 취업하기가 쉽지 않으니 전공도 그에 맞춰 선택할 수 밖에 없었다. 때마침 '스펙 쌓기'라는 말이 늘 매스컴을 통해 회자되었고, 인터넷에서는 '취업 전적'이라는 슬픈 우스갯소리가 퍼지기 시작했다.

예를 들어 '서류전형 56전 3승 8무 45패'라고 하면 56개 회사에 지원해 겨우 세 군데에서만 면접 기회를 얻게 된다는 뜻이었다. 사람들은 때론 이 전적에 자랑을 담아서, 때로는 결과에 대한 어이없는 자괴감을 담아서 서로의 전적을 공유했다. 내가 전기전자라는 전공을 택한 이유 속에도, 많은 사람들이 무의미한 전적을 공유하는 수많은 게시판 글 속에도, 그 어디에도 꿈에 대한 이야기 같은 건 없었다. 단지 취직이라는 불빛을 향해 모두가 불나방처럼 달려드는 아이러니한 현실만 남아 있었다.

그런 불나방과도 같던 나의 전공 선택은 정말 뼈아픈 실책이었다. 수업을 듣던 아홉 학기 내내 몸에 맞지 않는 옷을 입고 있는 것처럼 불편했다. 그럴 수밖에 없었던 것이 나는 수능시험에서 물리 시험을 치르지도 않았던 것이다. 그런데 전공 기초 과목이 바로 물리였다. 애초에 나랑 맞지 않아서 물리를 제외한 나머지 과목으로 수능을 치렀는데, 취직이 잘된다는 이유로 억지로 밀어 넣었으니 공부가 될 리 없었다. 재능도 부족했지만 흥미도 없었기에 수업을 따라갈 수 없었다.

이중 전공을 통해 조금이나마 방향을 틀어볼까 하는 계획도 금세 접어야 했다. 평균 학점이 A에 근접해야 경영학이나 경제학을 신청할 수 있었는데 내 성적으로는 어림도 없었다. 전공이 맞지 않아서 이중 전공을 고려했는데, 전공을 잘 하지 못하면 이중 전공을 할 수

내가 진짜로 원하는 게 뭘까

조차 없다는 사실이 내가 처해있는 상황만큼이나 아이러니하다는 생각을 지울 수가 없었다.

상황이 그쯤 되어서야 결국 나는 내가 하고 싶은 것이 무엇인지를 진심으로 찾아봐야겠다는 생각을 하게 되었다. 주변에서 누가 뭐라 하든 혹은 취직이 잘된다는 얘기가 들리든 간에 이번만큼은 진정성 있게 나를 되돌아보고 싶었다. 많이 늦었는지도 모르겠다는 불안감이 엄습해왔지만 또다시 잘못된 선택으로 더더욱 미래의 선택지를 좁히고 싶지 않았다.

나는 공대 출신이면서도 나중에 뛰어난 경영자가 된 훌륭한 롤모델을 찾아보기 시작했다. 그들을 벤치마킹해 발자취를 열심히 좇아가다 보면 어떻게든 실마리가 보이지 않을까 하는 마음에서였다. 제일 먼저 삼성전자를 세계 최고의 메모리 반도체 회사로 올려둔 두 명의 입지전적인 인물이 떠올랐다. 진대제와 황창규. 당시 반도체 산업이 승승장구하면서 대다수의 전기전자를 전공하던 공대생들에게는 마치 신화와 같이 회자되던 분들이었다.

하지만 두 분의 지난 행적을 보면 볼수록 무작정 따라할 수는 없는 일이라는 생각이 들었다. 그분들은 훌륭한 경영자이기 이전에 뛰어난 엔지니어였기 때문이다. 미국 유명 대학에서 전자공학으로 박사 학위까지 취득한 그분들은 모르긴 몰라도 내가 수업시간에 혀를 내두르며 바라보는 똑똑한 내 친구들과 비슷한 부류의 사람이라는 생각이 들었다. 내가 밤을 새워야 겨우 40점 근처의 점수를 받을 때 90점, 95점을 척척 받아내는 바로 그런 친구들 말이다.

그렇게 다시 한 번 좌절할뻔 하던 찰나에 나는 내가 도전해 볼 수 있고 또 정말이지 너무 재미있을 것만 같은 일을 마침내 찾아냈다. 바로 '경영 컨설턴트'라는 일이었다. 공과대 출신 비즈니스맨을 찾다 알게 된 일본의 오마에 겐이치가 바로 그 경영 컨설턴트 출신이었고, 그가 몸담았던 맥킨지앤드컴퍼니McKinsey & Company, 이하 맥킨지는 업계에서 가장 유명한 회사였다. 나는 순식간에 이 회사와 경영 컨설턴트라는 일에 흠뻑 빠져들었다. 회사가 어려움에 처했을 때 흔히 '턴어라운드Turnaround, 넓은 의미의 기업회생'라 일컫는 해법을 제시하거나 미래 먹거리를 파악해 신사업을 제안하는 일이 대단히 멋져 보였다.

그동안 지독한 실패로 울적한 스무 살을 보내던 나에게 경영 컨설턴트라든가 맥킨지 같은 단어들은 난생처음 내 가슴을 설렘으로 뛰게 해주었다. '내 꿈은 이게 아닌데'라며 부정할 줄만 알았지, '내가 하고 싶은 것은 이거야', '이건 나도 노력하면 할 수 있을 것 같아'라고 말할 수 없었던 나였기에 이런 설렘은 더욱 극적이었다. 대학에 들어와서 그런 지독한 실패를 겪기 전까지는 이렇게 내가 원하는 삶을 직접 찾아볼 생각을 못 했던 나였다. 지방의 평범한 가정과 평준화된 학교에서 딱 눈에 보이는 만큼, 그리고 누군가가 말해주는 만큼만이 내가 꿈꿀 수 있는 세상의 전부인 줄 알았다. 하지만 수능시험 너머에 있는 세상 사람들의 이야기와 그들의 꿈 얘기를 찾아보고 내 삶을 구체적으로 그릴 때라야 드디어 보이지 않던 길이 보이고 상상하지 못했던 꿈이 생긴다는 사실을 깨닫기 시작했다.

소프트뱅크의 손정의 회장이 학창시절에 겪은 일화도 인상 깊었다. 불과 16세였을 때 그는 책을 읽다가 일본 맥도날드 설립자인 후지타 덴Fujita Den의 이야기에 매료되었는데, 그는 그를 너무 만나고 싶어서 무작정 후지타의 사무실에 수십 통의 전화를 했다고 한다. 당연히 맥도날드 사무실에서는 이 당돌한 학생의 이야기를 들어줄 리 없었다. "사장님은 학생을 만날 시간이 없습니다"라는 말만 계속해서 되돌아 왔다. 하지만 손정의 회장은 포기하지 않았다. 지방에 살던 그는 비행기를 타고 직접 도쿄까지 날아가 부탁하게 된다.

"전화를 계속했던 학생인데요. 도쿄까지 직접 찾아왔습니다. 잠깐만이라도 후지타 님이 일하는 모습을 보게 해주세요. 저에게 아무런 말을 하지 않아도 괜찮습니다. 아무 방해도 하지 않을 테니 직접 볼 수만 있게 해주세요."

그렇게 적극적으로 찾아 나선 결과는 성공이었다. 이 이야기에 감복한 후지타는 그날 무려 15분 동안이나 이소년과 대화를 나누었고, 손정의 회장은 본인의 눈과 귀로 그가 살고 싶은 삶을 똑똑히 보고 들었다. 그렇게 소년은 이때 들었던 이야기를 바탕으로 꿈을 설계했으며, 그 꿈을 열심히 구체화했고, 20대에 사업을 시작해 세계적인 성공을 이루어냈다.

이처럼 나에게도 적극적으로 꿈을 탐색하는 과정이 필요했다. 16세 소년도 본인의 꿈을 찾아 저렇게 움직이는데 나는 너무 작은 주변 세계에만 갇혀 나의 '똑똑해질 수 없음', '잘못된 전공 선택' 그리고 '무엇을 하고 싶은지조차 알지 못하는 상태'만 한탄하고 있었던 것이다. 지난 잘못과 장애물의 숫자를 세면서 한탄하는 데에 그칠 것이 아니라 하나씩 극복해나갈 방법을 고민해야 할 때였다. 나는 바로 거기에 나의 20대를 투자하기로 마음먹었다.

내가 진짜로 원하는 게 뭘까

"배는 항구에 있을 때 가장 안전하다. 하지만 그러려고 만들어진 것은 아니다."

— 파울로 코엘료

그렇게
시간만 흘러간다

나는 못난 선생님입니다

중학교 1학년 때 같은 반이 된 이후로 중고등학교 내내 친하게 지내던 친구가 있었다. 조금 소극적이고 내성적인 나와는 다르게 적극적이고 활달한 친구였는데, 길을 지나다 우연히 건네지는 귀찮은 전단지도 일부러 다가가 받을 정도로 착하기까지 했다. 그리고 이런 본인의 쾌활한 성격에 딱 어울리게 아직도 종종 회자되는 재밌는 면접 일화를 남기면서 수시 모집을 통해 원하던 대학에 입학함과 더불어

과대표까지 맡았다. 1년 늦게 대학 생활을 시작한 내게 친구의 캠퍼스 이야기는 언제나 부러움 그 자체였다.

그런 친구가 했던 활동 중의 하나가 지역 아동센터에서 학생들을 가르치는 자원교사 활동이었다. 그냥 멋진 친구가 한다니까 나도 따라서 대학에 입학하자마자 자원교사 동아리에 가입했다. 제대 이후에도 꾸준히 활동했으니 대략 3년 정도 '밤골 아이네 공부방'이라는 서울 성북구의 지역 아동센터에서 자원교사 활동을 했다.

부끄러운 이야기이지만 처음에는 내가 하고 있는 활동의 의미에 대해 깊게 이해하지 못했다. 당시 나의 학교성적은 바닥을 기었고, 전공도 대학 생활도 너무 재미가 없었기에 한창 지독한 실패를 겪는 중에 찾아오는 약간의 해방구 같은 시간이라고 생각했는지도 몰랐다. 그런 마음으로 공부방을 찾았으니 학생들의 이야기에 귀를 기울인다거나 그들의 생각을 진심으로 헤아릴 수 있을리 만무했다. 나는 주로 고등부 학생들을 대상으로 수업을 진행했었는데, 공부를 해야 할 고등학생이면서도 애써 가르쳐준 내용을 금방 잊어버리고 숙제도 해오지 않으면서 수업시간에 말썽을 부리는 친구들 앞에서 화내고 답답해하기 일쑤였다.

'이렇게 쉽게 설명하는데 왜 이해를 못 하는 걸까?', '이해를 하고 싶은 마음은 있는 걸까?', '얘들은 나중에 어쩌려고 이러지?', '대학에 가면 나처럼 후회할 텐데', '요즘 취직도 잘 안 되는데' 등 생각들이 꼬리에 꼬리를 물었다. 문득 정신을 차려보니 나 역시 여느 학교나 학원 선생님처럼 아이들에게 성적이 제일 중요하다고 강요하고 있던 것이었다. 그건 여태껏 내가 받아온 교육의 모습과 별반 다르지 않았다. '남자가 공부 좀 하면 이과지'라고 말했던, 나를 그렇게 괴롭히던 메마른 교육 철학보다 나을 것이 없었다.

늘 열심히 공부해야 한다는 공허한 메아리 같은 외침만 들려주었지 정작 그 친구들의 꿈이 무엇인지, 그리고 고민은 무엇인지 진지하게 한번 물어본 적도 없었다. 일주일에 한두 시간 수업만 해주고 돌아가는 자원교사가 그들에게는 '잘 알지도 못하면서 뭘 가르친대'라고 느껴졌을 것이다.

그렇게 1년 가까운 시간이 흘렀다. 그 사이 나 역시 뒤늦은 사춘기를 겪으면서 내 미래와 꿈을 고민하기 시작했고, 그제야 내가 가르치던 학생들의 꿈도 궁금해지기 시작했다. 나는 용기를 내어 처음으로 학생들에게 앞으로 하고 싶은 일이 무엇인지를 물었다.

"너는 어른이 되면 어떤 일을 하고 싶니? 네 꿈은 뭐니?"
"댄서가 될 거예요."
"소방관이 멋있더라고요."
"요리사가 되고 싶어요."

내가 진짜로 원하는 게 뭘까

나는 아차 싶었다. 나는 생각지도 못한 종류의 꿈이 학생들의 입에서 흘러나오는 게 아닌가! 나는 막연히 공부를 열심히 해서 좀 더 나은 대학에 가고, 그래서 좋은 직장에 가야 한다는 너무나도 단편적인 생각만을 가지고 이 학생들을 대하고 있었는데, 이 친구들이 하고 싶었던 일은 그보다도 훨씬 더 다채로웠던 것이었다. 특히나 나를 더 부끄럽게 만들었던 것은 '내 꿈은 이게 아닌데'라며 이것저것 현실을 부정할 줄만 아는 선생님보다도, '나는 이걸 하고 싶다'고 말하는 학생들의 눈빛이 더 빛났다는 사실이었다. 모르긴 몰라도 그 친구들의 눈에도 선생님의 눈빛이 자신들의 눈빛보다 더 빛나지 않는다는 사실이 보이지 않았었을까?

그 이후로 나는 성적을 올려주는 선생님 대신에 이 친구들의 꿈을 아낌없이 응원해 주는 선생님이 되기로 결심했다. 저마다의 멋진 꿈을 가지고 있는 이 친구들이 꼭 그 꿈들을 이뤄내길 바랐다.

그러면서 동시에 나는 나 스스로도 한 가지 다짐을 하였다. 언젠가 내가 하고 싶은 일을 다른 사람들에게 얘기하게 될 때 내 눈빛도 저들의 눈빛처럼 똑같이 빛날 수 있게 되기를. 이 친구들에게 더 이상 부끄러운 선생님이고 싶지 않기를 희망했다.

감히 꿔 본 적조차 없는 꿈

집에서 보내주시는 용돈만으로 자취를 하면서 지내기에는 서울의 물가가 만만치 않았던 나는 공부방에서의 자원교사 활동과는 별개로 틈틈이 과외도 했다. 많은 수의 과외를 한 것은 아니었지만 그중 한 학생과의 수업이 유독 오래 기억에 남아있다. 아마도 그 친구가 내게 해줬던 본인의 꿈에 관한 이야기가 내 정신을 번쩍 들게 했었기 때문일 것이었다. 내가 일전에 고깃집에서 만난 외삼촌의 이전 직장 상사분에게서 닮고 싶지 않은 꿈을 보았다면, 반대로 한참이나 어린 이 과외 학생을 통해서는 내가 닮고 싶은 부러운 꿈을 보았다.

그 학생은 국내에서 가장 우수한 학생들이 많이 모여 있다던 외고 유학반 학생이었다. 그 학교는 이 학생의 1년 선배였던 유학반 학생들 전원이 미국의 유명 대학에 합격했었을 정도로 대학교 입시에 정평이 나 있는 학교라고 했다. 내 입장에서는 일주일 중 하루는 지역 아동센터의 학생들을 도와주는 자원교사였고, 또 다른 하루는 대입 입시의 최정점에 서있는 학생의 과외 선생님이었으니 그 둘을 동시에 바라보는 내 심정이 당연히 묘할 수밖에 없었다.

어쨌거나 그 학생은 미국 SAT의 화학 과목을 무려 밤 12시부터 새벽 2시까지 내게 배웠다. 학교에서 야간자율학습을 끝내고 돌아와서 수업 준비를 끝내면 12시 밖에 가능한 시간이 없다고 했다. 당장

내가 진짜로 원하는 게 뭘까

두 달 후에 시험이 있으니 실전 문제 풀이로 수업을 진행해 달라는 부탁이었다. '밤 12시부터 시작하는 과외라니…' 집에서 가깝고 과외비가 괜찮아 선뜻 수락했지만 나는 무엇보다도 유학 준비생이라는 게 신기했다. 나는 그때까지 SAT는 커녕 토익도 잘 몰랐고, 심지어 유학을 준비하는 사람을 본 적도 없었기 때문이었다. 여권도 아직 만들어 본 적이 없는데 유학 준비생을 내가 직접 가르쳐 본다니 그저 신기할 따름이었다.

수업은 순조로웠다. 다행히 SAT의 화학 과목은 국내 수능시험을 위해 화학을 공부했다면 어렵지 않게 풀 수 있는 수준이었다. 다만 영어가 낯설어서 종종 문제의 해석은 학생이 도와주고, 나는 '한국식 문제풀이'를 경쾌하게 설명해 주는 것으로 진행해 나갔다. 그러다 공부방 학생들에게 그랬던 것과 마찬가지로 문득 이 친구는 꿈이 뭘까 궁금해졌다. 외고 유학반을 다니고 밤 12시에 과외 수업을 받는 이 친구는 과연 어떤 꿈이 있길래 이렇게 열심히 공부를 하는 것일까. 그런데 그 대답이 정말 압권이었다.

"국제기구에서 일할 거라 하버드에서 정치외교를 공부할 거예요."

순간, 나는 그 대답의 스케일에 잠시 할 말을 잊었다. '아, 그러면 열심히 해야겠네'하고 웃으면서 얼버무렸지만 그건 감히 나는 꿔 본 적조차 없는 수준의 꿈이었다. 내가 감히 뭐라고 대답을 해줘야 하는 건지 알 수조차 없었다.

'나보다 어린, 내가 가르치는 학생이 나는 감히 상상조차 해본 적 없는 꿈을 너무도 당당하게 말하는구나'. 나는 솔직히 너무 부럽고 또 창피했다. 나는 아직도 이렇게 당당하게 '나는 이것이 하고 싶다'고 대답하지 못했는데, 저 정도 크기의 꿈을 저리도 당당하게 이야기하다니 과외 선생님으로서 그 친구 앞에 앉아 있는 나 자신이 너무 부끄러웠다.

'지금보다 어떤 더 나은 삶을 내가 꿈꾸게 된다면 아마 나는 이런 친구들과 경쟁하게 되겠지'하는 생각이 뒤따랐다. 이대로 그냥 흘러가면 나는 언젠가 분명 이 친구들보다 뒤쳐질 게 분명했다. 누군가는 나를 꼭 말렸어야 했다며 방황하는 내 미래가 더 나을 리 없었다.

결국 나는 한 가지 크게 깨닫게 되었다. 꿈은 꿈을 꾸는 크기만큼 이룰 수 있는 가능성이라도 생긴다는 사실이었다. 내가 10을 꿈꾸면 딱 10을 이룰 만큼의 가능성이 생기고, 100을 꿈꾸면 100만큼의 가능성이 열린다는 깨달음이었다.

내게는 더 큰 꿈이 필요했다.

내가 진짜로 원하는 게 뭘까

Chapter 3.

세계의
경계를 허물다

"당신은 당신이 생각하는 대로 살아야 한다. 그렇지 않으면 머지않아 사는 대로 생각하게 될 것이다."

— 폴 발레리

모범적인 학생 말고,
모험적인 학생

토플 점수도 필요없더라니까요

인생에 있어 큰 걸림돌을 두고 발목이 잡힌다는 표현을 쓴다. 대다수 평범한 대한민국 학생과 직장인에게는 아마 '영어'가 바로 그런 걸림돌 중 하나가 아닐까 한다. 영어 유치원 같은 조기교육부터 시작해서 직장인을 상대로 하는 수많은 영어 관련 수업, 심지어 영어를 공용어로 인정하자는 사람들의 주장까지…. 우리는 막대한 양의 사회적인 비용을 치르면서까지 영어에 투자해 왔다.

세계의 경계를 허물다

물론 그렇게 영어에 매달려야 했던 건 내게도 예외는 아니었다. 열 살쯤부터 학습지를 통해 영어 공부를 시작했으니 10년이 훌쩍 넘는 시간을 들여 공부를 해온 것이다. 그 때문인지 구글에 다닌다고 하면, 그것도 심지어 구글 재팬에서 영어로 일을 한다고 하면 대부분의 사람들은 이렇게 말한다.

　　"영어를 참 잘하시나 봐요."

　　그러면 나는 당연히 손사래를 치면서 아니라고 대답하는데, 그럼에도 대체로 사람들은 믿어주지 않았다. 으레 겸손한 답변이라고 생각하기 때문이다. 어릴 적 외국에서 살았다거나 유학을 하지 않았을까 하는 편견을 갖고서 물어보는 것이겠지만 사실 나는 영어를 잘못했다. 대학교 3학년이 될 때까지 외국인과 제대로 말해본 적도 없었을 뿐더러 영어 강좌를 수강 신청할 때마다 항상 피해 다니기에 바빴다.

　　그 당시 실력으로는 영어가 두고두고 내 인생 최대 걸림돌이 될 게 분명하다고 생각할 정도였다. 나의 영어 실력은 수능시험 문제 풀이에나 최적화되었지, 제대로 된 실력을 쌓아볼 기회가 전혀 없었다. 여권도 교환학생 프로그램을 위해 출국했던 스물다섯이 되던 해에야 처음으로 만들어 봤으니 여행에서라도 영어를 사용해본 적이 없었다. 하지만 진정 원하는 삶을 꿈꾸려면 영어 실력을 갖추는 것이 필수불가결한 요소임에는 틀림없었다.

그래서 계획한 것이 영어권 국가로의 1년짜리 교환학생이었다. 학점 인정을 받을 수 있기 때문에 재수하느라 1년이 늦어진 나로서는 졸업을 늦추지 않고도 동시에 영어까지 배울 수 있는 최고의 방법이라 생각했다. 처음에는 워킹홀리데이 프로그램도 알아봤지만 역시 학생 신분으로서 교내의 다양한 활동에 참여하는 것이 더욱 의의가 있겠다고 생각했고 이내 교환학생을 가는 것으로 마음을 굳혔다.

그런데 막상 해외로 가려고 하니 영어권 대학교들이 기본적으로 요구하는 높은 토플 점수가 문제였다. 정말 아이러니라고 생각할 수밖에 없었던 것이 나는 영어를 배우고 싶어서 지원하려 한 것인데 지원 자격은 '이미 영어를 꽤 잘하는 사람'이었던 것이다. 기본적으로 학교들은 토플 점수를 90점대에서 많게는 110점 가까이 요구했다.

토플에서 그 정도 점수를 받을 수 있었으면 애초에 영어 때문에 그렇게 걱정하지도 않았을 것이다. 나는 급하게 유명 영어학원을 찾을 수밖에 없었다. 내년에 떠나는 교환학생 프로그램에 지원하려면 당장 전년도 말까지 토플 점수를 획득해야 했다. 휴학을 하지 않는 한 혼자서 차분히 공부할 여유가 없었다.

세계의 경계를 허물다

학원에서 난생 처음 접해본 토플 시험은 만만치 않았다. 생전 처음 보는 단어들에 듣기평가 속 성우들의 목소리는 어찌나 빠르던지…. 나의 부족한 영어 실력은 토플이라는 어려운 시험과 너무나도 동떨어져 있었다. 한두 달 학원을 다니며 공부한다고 해서 점수를 받을 수 있는 수준이 아니었다. 한 학기는 휴학하고서 온종일 여기에 매달려야 90점 이상의 토플 성적을 받을 수 있을 것만 같았다.

하려면 제대로 해야하는 내 성격도 한 몫했다. 적당한 토플 성적을 가지고 적당한 비영어권 국가로 떠날 수는 없었다. 토플 공부 자체도 영어 실력을 키우는 일이라며 마음 편히 생각할 수도 있었겠지만 문제 풀이 요령만을 알려주는 학원 공부가 진짜 영어 공부는 아니라는 사실을 너무나도 잘 알고 있었다. 선뜻 이러지도 저러지도 못하고 있었다.

고민 끝에 나는 내 인생에서 처음으로 모범적인 학생이 아니라, 모험적인 학생이 되기로 했다. 지금까지 항상 세상의 수많은 시험들이 요구하는 형태 그대로 스스로를 모범적으로 맞춰오던 나였다. 하지만 이번만큼은 반대로 모험적인 승부수를 걸기로 했다. 당시 교환학생 신청 란에는 1순위부터 10순위까지 원하는 학교를 쓰게끔 되어 있었다. 하지만 나는 토플 없이 낮은 토익 점수만으로도 지원할 수 있는 딱 하나의 학교만 1순위에 지원했다.

자칫 잘못하면 교환학생을 가지 못할 수도 있는 모험적인 선택이었지만 빈틈없이 잘 준비하면 그 1순위를 거머쥐지 못할 것도 없겠다는 생각이 들었다. 대다수 친구들이 10순위까지 꽉꽉 채워 '어디든' 가겠다는 자세를 취할 때 나는 면접장에서 '왜 이 학교여야만 하는지'를 집중적으로 어필하기로 했다.

이렇게 배수진을 쳐버리니 해야 할 일이 분명하게 보였다. 더욱 꼼꼼하게 알아보고서 '왜 이 학교여야만 하는지'에 대해 계획을 준비하기 시작했다. 어떠한 학생 지원 프로그램을 운영하고 있는지, 어떤 수업을 수강할 예정인지, 교외 활동에는 어떤 것들이 있는지를 홈페이지를 통해 찾아보았고, 이러한 과정들이 졸업 후 5년, 그리고 20년이 되었을 때 내 인생에 어떤 영향을 미치게 될 지까지도 정리했다. 그리고는 이 학교의 교환학생 프로그램을 성공적으로 마친 선배를 만나 경험담도 들었다.

철저한 준비 끝에 마주하게 된 교환학생 선발 면접장. 나만의 색다른 가치들로 '왜 단 하나의 학교만을 지원하였는지'를 의아한 눈으로 바라보던 교수님들께 열정적으로 전달했다.

① 해당 학교에 있는 인턴십 프로그램 지원

② 미국 특유의 오랜 전통을 가진 'Business Fraternity^{이하 프랫}' 활동 참여

③ 외국 친구들과 미국 공모전^{Case Competition} 참가

이 세 가지 내용을 바탕으로 꿈꿔왔던 삶을 이루는 것에 이번 교환학생 프로그램이 얼마나 중요한지를 차근차근 설명했다. 경청하던 어느 교수님의 입에서 "이 친구, 이미 준비가 다 되어 있네요"라는 말이 나왔다. 나는 마음속으로 쾌재를 불렀다. 나의 모험적인 선택이 절묘하게 들어맞았기 때문이다. 짜릿한 기분이었다. 그렇게 당당히 1순위 합격을 거머쥐었다. 내 인생을 바꾸어놓을 캘리포니아에서의 교환학생은 이렇게 시작되었다.

지금에 와서 돌이켜 보면 이때 교환학생 프로그램 합격도 합격이지만, 그에 더해서 용기라는 것도 덩달아서 얻을 수 있었다. 인생의 중요한 순간들에 승부수를 던질 수 있는 그런 용기 말이다. 덕분에 훗날 취업 준비를 하면서 대기업에는 단 한 군데도 지원하지 않는 배짱을 부려보기도 했고 - 심지어 대기업 지원에 필수였던 영어 스피킹 시험 점수도 만들지 않았다 - 미국에서 영어도 못하는 외국인이 다국적 팀원을 모아 말도 안 되게 공모전에도 도전해봤으며, 히라가

나 한 글자 읽지도 못하는 채로 덜컥 구글 재팬으로 옮기기도 했다.

그때의 경험대로 나만의 색다른 방식으로 나의 가치를 잘 증명할 수 있다면 그런 일련의 모험도 전부 극복할 수 있겠다는 긍정적인 용기가 생겼기 때문이었다. 모험 하나하나가 인생의 터닝포인트가 될 만한 일들이었다. 그리고 그때마다 그렇게 호기롭게 냈던 용기들이 긴밀하게 서로 잘 이어져 매번 조금씩 더 내가 원하는 삶에 가까워져 갔던 건 분명했다.

미국에서 도대체 뭐하고 다니니?

모험은 미국행 비행기에 몸을 싣기도 전부터 시작되어 10개월 미국 생활 내내 진행되었다. 이 모험의 가장 큰 목표는 '영어'였기 때문에 내게 꼭 필요했던 진짜 영어 실력을 쟁취하기 위해 정말 마음을 굳게 먹고 스스로를 철저히 밀어 넣어보기로 했다.

그런 굳은 마음의 시작은 교환학생 프로그램의 사전 오리엔테이션부터였다. 학교에서는 학생들의 안전과 먼 타국 땅에서의 순조로운 적응을 위해 프로그램에 선발된 학생들을 모아놓고 오리엔테이션을 진행한다. 필수 세부 프로그램 소개도 있지만 같은 학교로 가는 사람들을 서로 소개시켜주고, 비행기 티켓이나 함께 살 집을 같이 구할 수 있도록 도와주는 것이 주된 목적이다. 아무도 모르는 낯선 땅

세계의 경계를 허물다

에 도착해 학교까지 가는 것부터 쉽지 않다보니 반드시 필요한 과정이다. 휴대폰 개통이나 은행 계좌 개설 등에 대한 정보도 세세하게 알려준다.

하지만 나는 이왕 모험하기로 했으니 모두 직접 하기로 마음먹었다. 그래서 오리엔테이션에 참석하지도 않았다. 여권 만들기부터 시작해서 난생 처음 해외 항공권을 최저가로 구하러 뛰어다녔다. 인터넷을 통해 숙소도, 공항에서 이용할 셔틀버스도 직접 예약했다. 그러고는 마침내 커다란 이민 가방 두 개와 집 주소, 셔틀버스 회사의 전화번호만 달랑 들고서 샌프란시스코 공항에 혼자 내렸다.

물론 영어를 너무 못했기 때문에 시작부터 험난했다. 환승지에서 배가 고파 음식을 주문해야 했는데 햄버거를 사는 것조차 쉽지 않았다. 직원이 무언가를 물어봤는데 도무지 알아들을 수 없었고, 급기야 그것 때문에 타박을 받기까지 한 탓에 모험의 시작부터 한껏 의기소침해졌다. 그게 무슨 말이었는지는 몇 달이나 지난 후에야 알게 되었다.

"How would you like your onion양파는 어떻게 하시겠어요?"이라는 문장이었던 것이다. 한국에서는 좀처럼 물어보지 않는 질문이었으니 눈치껏 알아듣지도 못했던 것이다. 공항에 도착해서는 셔틀버스를 어디에서 타는지 몰라서 공중전화를 붙들고 회사 직원과 한참을

씨름해야 했다. 자주 해외 출장을 다니는 지금에야 별 것 아닌 일이지만 당시에는 이런 작은 일 하나하나가 거대하게 다가왔다. 하루하루 누군가 알아듣지 못할 질문을 할까봐 항상 긴장한 채로 지내야만 했다.

그럼에도 끊임없이 비슷한 시행착오를 거치면서 계속 부딪히고 배워야 했다. 언어를 배우는 데에는 영어로 대화할 수밖에 없는 상황을 억지로 만드는 것이 가장 빠른 길이라고 믿었기 때문이었다. 필요한 물품을 구매하고, 휴대폰을 개통하고, 은행 계좌를 개설하는 등 기본적인 준비를 하나씩 해나가는 동시에 집 근처 종교 시설도 찾아갔다. 신자가 아니었기 때문에 실례가 될 수도 있었지만 개강까지 남은 몇 주의 시간마저도 허투루 보낼 수 없었다. 무슨 말인지 못 알아들어도 현지인을 만나고, 함께 식사를 하면서 최대한 영어를 많이 듣고 많이 써보려고 애썼다.

이런 마음가짐을 미국 생활 내내 신념처럼 잘 지켜나갔다. 유명한 요세미티 국립공원Yosemite National Park에 하이킹을 가거나 LA, 그랜드 캐니언Grand Canyon 등으로 여행을 가는 다른 친구들을 볼 때면 너무 부러웠지만 일단 영어 실력을 궤도에 올리는 것이 우선 순위였기에 한눈 팔 겨를이 없었다.

특히 미국에 오기 전부터 계획했던 프랫에 가입한 이후로는 거의

세계의 경계를 허물다

모든 시간을 철저히 현지인들과 보내게 되었다. 덕분에 10개월 미국 생활 중 한국인과 식사한 시간은 손에 꼽을 정도였다. 이따금씩 캠퍼스에서 마주치는 한국 분들이 도대체 무엇을 하고 지내냐며 의아함을 담아 물어볼 정도였다.

그렇게 조금씩 적응이 되고 있을 무렵 드디어 새 학기가 시작되었다. 캘리포니아 날씨는 더없이 좋았고, 활기를 띄기 시작한 캠퍼스는 상상하던 미국의 풍경보다 더 아름다웠다. 그리고 캠퍼스의 게시판과 주요 건물 곳곳에 각종 동아리와 프랫의 신입회원 모집 공고가 보이기 시작했다.

드디어 미국에서의 첫 번째 거대한 도전이 시작되려 하고 있었다.

누군가는
나를 말렸어야
했다

"나무를 베는 데 한 시간이 주어진다면, 도끼를 가는 데 45분을 쓰겠다."

— 에이브러햄 링컨

두 배, 세 배 아니 열 배 더 열심히

지옥 같던 7주간의 프랫 연수기간

이 학교의 교환학생 프로그램에 신청한 가장 큰 이유는 프랫 때문이었다. 교환학생 프로그램에 지원하기 전 '왜 이 학교여야만 하는지'에 대한 대답을 준비하면서 Alpha Kappa Psi^{알파카파싸이, 이하} _{AKPsi}라는 프랫 활동에 대해 선배에게 이야기를 듣게 되었다. 내게 딱 필요한 활동이라는 확신이 들었던 것이다.

세계의 경계를 허물다

비즈니스 프랫이었기 때문에 한국에서 해오던 경영전략학회의 연장선상에서 비즈니스 역량을 계발할 수 있음은 물론, 프랫의 핵심인 다양한 친목 활동을 통해 외국인 친구도 사귀고 영어실력도 키울 수 있을 것만 같았다. 특히나 AKPsi는 100년이 넘는 역사를 가지고 있으면서 미국의 리처드 닉슨Richard Nixon 대통령과 로널드 레이건Ronald Reagan 대통령을 비롯해 월마트 창업주 샘 월튼Sam Walton까지 수많은 정재계 인사를 배출한 유명 프랫이기도 했다.

당연히 나도 그런 조직의 일원이 되고 싶다는 욕망이 스멀스멀 솟구쳤다. 유학생도 아닌, 교환학생이지만 이 프랫의 멤버가 될 수만 있다면 더없이 성공적인 교환학생 생활이었노라 말할 수 있을 터였다. 하지만 그때까지만 해도 몰랐다. 그 선배가 프랫이라는 미국 대학 문화에 숨겨진 엄청난 비밀을 일부러 숨겼다는 사실을 말이다. 미국에서 이런 일이 벌어지리라고는 꿈에도 생각지 못한 일들이 잇달아 벌어졌고, 급기야 나는 너무 당황스러운 마음에 선배에게 전화해서 왜 이렇다고 미리 얘기해주지 않았냐며 따져 묻기까지 했다.

9월 새 학기가 시작되자 학교 곳곳에 갖가지 라틴 문자가 적힌 옷을 입은 사람들이 부스를 차려놓고 사람들을 모집하기 시작했다. 러시Rush라고 부르는 프랫의 리크루팅 기간이 시작된 것이다. 나 역시 계획대로 AKPsi 부스를 찾아가 안내를 받았다. 한국에서 동아리에 가입하는 것과는 전혀 다르게 신청부터 호락호락하지 않았는데 가입하려면 일단 그 다음 주 평일 저녁 3일간 벌어지는 'Information Night, Social Night, Professional Night'에 빠지지 않고 참여해야 한다고 들었다.

이 3일 동안 할리우드 영화 속 파티 장면에서나 봤던 것처럼 삼사오오 모여 있는 사람들 사이의 대화에 이리저리 끼어들어 내가 어떤 사람인지 눈도장을 찍어야 했고, 거기서 주어지는 기상천외한 미션을 예비 지원자들과 함께 팀을 이뤄 수행해야 했다. 예를 들면 옷걸이 같은 물건을 무작위로 쥐어주고는 팀원들과 이 물건을 효과적으로 팔 수 있는 1분짜리 광고를 만들어 보라는 식이었다.

그렇게 다 하고 나서야 이력서를 제출하고 면접을 볼 수 있는 기회가 주어졌다. 이렇게 제출한 이력서와 면접 결과, 그리고 지난 3일간 행사에서 보여줬던 지원자들의 모습을 종합하여 예비회원을 선발하는 것이다. 나는 그런 우여곡절 끝에 13명의 외국인 친구들과 함께 프랫의 유일한 교환학생이자 영어가 여전히 부족했던 유일한 예비회원이 될 수 있었다. 그리고는 나를 정말 당황스럽게 만들었던 7주간의 길고도 긴 연수기간pledging이 본격적으로 시작되었다.

예비회원을 선발하는 과정까지는 연수기간에 비하면 정말 말 그

세계의 경계를 허물다

대로 거대한 전쟁의 전초전일 뿐이었다. 진심으로 말하건대 7주의 연수기간이 군대에서의 신병교육대 시절보다 힘들었다. 빼곡히 적힌 계획표대로 매일 복무신조와 군가를 외우듯 프랫의 신념과 가치, 역사 등 엄청난 양을 토시 하나 빠트리지 않고 달달 외워 퀴즈를 풀어야 했고, 매일 쉼 없이 쏟아지는 상상을 초월하는 미션을 수행하느라 일주일에 2~3일은 같이 밤을 새워야만 했다.

예를 들어 한밤중에 운동장에 갑자기 불러내어 우리를 일렬로 쭉 세운 채로 프랫의 신념과 가치를 한 글자도 틀리지 않도록 달달 외우게 시키는가 하면, 프랫을 상징하는 문양을 제대로 기억하고 있는지를 테스트한답시고 갑자기 30분 안에 그 문양을 만들어 보라고도 하는 식이었다. 눈을 가린 채로 동기들 목소리에만 의지해 다리를 만들어 건너가 보라고도 했다.

또한 40명에 달하는 학회원 한 명 한 명을 전부 인터뷰해 연수기간이 끝나기 전까지 전부 수기로 인터뷰 노트를 작성해야 했고, 음식을 만들어 팔거나 단체로 접시닦이 아르바이트를 나가서 프랫을 위한 기금도 조성해야 했으며, 동기들과 합숙 MT에 참여해 뮤직비디오를 제작한다거나 프랫의 발전방향에 대한 아이디어를 프레젠테이션으로 만들어 발표하기도 했다. 이처럼 일일이 다 열거할 수도 없을 만큼 기상천외한 미션을 7주 내내 수행했다.

더군다나 자유의 나라 미국이었음에도 분위기는 무척 고압적이어서 그 기간 동안 정회원과는 조교와 훈련병 못지않은 상하관계로 공포에 떨어야만 했다. 미국 땅에서 벌어지는 일이라고는 전혀 상상해본 적도 없었다. 심지어 군대에서부터 치를 떨어 마지않던 어리바리한 한 명의 실수와 실패를 동기 전체가 책임지는 잔인한 공동책임제가 우리의 마음을 마구 헤집어놓았다. 그러는 사이에 13명이던 동기의 숫자는 10명으로 줄었다. 힘든 과정을 견디지 못하고 중도에 포기한 친구도 있었고, 프랫에 임하는 태도가 성실치 못하다고 하여 강제로 제적당한 친구도 있었다. 나 역시 제적을 당하지 않으려면 필사의 노력을 쏟아 부어야 했다.

나는 정말 이를 악물고서 영어로 적혀 있는 프랫의 신념과 가치, 역사 등을 외우고 또 외웠다. 영어를 잘 못한다는 것은 변명이 될 수 없었다. 예외는 없었기 때문이다. 두 배, 세 배 아니 열 배 더 열심히 해야 했다. 오히려 이러한 이유로 제대로 해내지 못하면 나 때문에 동기 전체가 피해를 봤기 때문에 부족한 영어 실력을 잠을 줄여서라도 메워야만 했다.

외워야 할 퀴즈 내용, 내가 분명하게 전해야 할 말, 그리고 정회원들이 공지했던 중요한 내용들을 전부 녹음해 잘 때도 계속 틀어놓고 잤다. 자고 일어나면 밤새 저절로 외워져 있길 간절히 바라보기도 했

세계의 경계를 허물다

다. 얘기치 못한 미션을 수행할 때면 이등병 때보다도 더 빠른 눈치를 발휘해 꾸역꾸역 동기들을 따라갔다.

그렇게 모든 에너지를 프랫에 쏟아 부어버린 나는 당연히 학과 수업을 전혀 따라갈 수 없었다. 그래서 결국 교환학생 첫 학기부터 한국에서도 받아보지 않았던 학사경고를 받고 말았는데, 그 덕분에 창피하게도 다음 학기 내내 2주에 한 번씩 학과 사무실에 불려가 수업은 잘 따라가고 있는지, 과제는 잘 제출하고 있는지를 보고해야 했다. 그렇지 않으면 한국으로 추방당할 거라고 학기 내내 쓴 소리를 들어야만 했다.

하지만 그대신에 나는 무사히 7주간의 연수기간을 완수해냈다. 비록 졸업이 한 학기 더 늦어졌고, 그 좋은 날씨의 캘리포니아를 마음껏 여행하지는 못했지만 그래도 당당히 프랫 정회원이 되어 잊을 수 없는 경험을 하게 되었다. 예전에 전공 시험공부를 하다가 좌절하고서 도서관 바닥에 앉아 훌쩍거렸던 때를 생각하면, 그때는 상상도 해보지 못한 새로운 세계였다. 그 이후로도 놀라운 일듯이 잇달아 벌여졌다.

그때까지의 나는 이런 경험이랑은 거리가 먼, 무척이나 제한적인 세계에서 살아온 사람이었다. 한국에서 나고 자라서 외국인이랑은 말해본 적도 없는 부족한 경험이 내 세계를 작게 경계 지은 것도 있지만, 무엇보다 조용하고 내향적인 성격이 스스로 운신의 폭을 많이 좁혔었다. 나는 새로운 환경도, 새로운 사람도 늘 낯설어했다.

그런 내게 프랫 활동은 내가 쌓아온 세계의 경계를 온전히 허물어내는 작업이었다. 조용하고 내향적인 성격이 완전히 변할 수는 없었겠지만 본 마음을 꾹 참고서 그동안 하지 못했던 일, 하지 못했던 말들을 하나씩 해 나가기 시작했다. 그렇게 두 눈을 딱 감고 하나씩 새로운 일들을 해낼수록 작게 닫혀 있던 나의 세계가 조금씩 넓어져 갔고 그런 만큼 큰 기회들이 찾아오기 시작했다.

이렇게 한번 넓어진 세계는 더 이상 나의 미래를 작게 규정짓지 않았다. 영어 실력이 굉장히 많이 향상된 것은 당연했고, 특이한 경험이 늘어나면서 사람들과의 대화에 자신감이 생겼다. 그렇게 생긴 자신감에 100년 넘게 운영되어 온 프랫의 체계적인 시스템을 벤치마킹해서 훗날 한국에 돌아왔을 때 몸담았던 경영전략학회에 접목시켜보기도 했다.

그렇게 한국에서 활동했던 학회가 도약을 하고, 그러자 좋은 사람들이 점점 더 많이 모여들었다. 그러면서 여러 기업들과 산학연을 하는 기회도 덩달아 많이 생겼다. 이 모든 일들이 미국에서 프랫을 경험함으로써 물 흐르듯 자연스럽게 일어났다. 내가 나만의 작은 세계에만 계속 갇혀 있었다면, 그래서 한번쯤 눈 딱 감고 내 세계의 경

세계의 경계를 허물다

계를 허물어내지 않았다면 모두 경험할 수 없는 일이었다. 그렇게 나의 세계가, 아니 우리 모두의 세계가 덩달아 함께 넓어져 갔다.

내 삶을 뒤흔든 비하인드 스토리

이렇게 허물어진 세계의 경계는 미국에 머무르는 동안 또 다른 넓은 기회들을 안겨다주었다. 인생 첫 번째 인턴십 프로그램을 미국 유명 투자은행인 모건스탠리Morgan Stanley에서 하게 된 것이다. 프랫 친구 몇 명과 팀을 이뤄 나간 공모전Case Competition에서 다른 우수한 학교들을 전부 물리치고 우승하기도 했다. 당시 발표 주제가 우연찮게 '구글의 중국 진출전략'이어서 훗날 구글에 입사하는 데에 크게 도움이 되기도 했다.

모건스탠리 인턴십 프로그램을 준비하면서 프랫 친구들의 도움을 많이 받았다. 이를 악 물고서 프랫에 모든 에너지를 쏟아 붓지 않았다면 어쩌면 얻지 못했을지도 모르는 소중한 기회였다. 이 프랫의 정회원이라는 사실 하나만으로도 회사는 나를 '영어를 잘 못하는 교환학생'이 아니라 '교환학생임에도 프랫을 통과한 학생'이라는 새로운 관점으로 나를 바라보았다. 나의 세계가 넓어진 만큼 풍부해진 나의 스토리를 많은 사람들이 신기해하며 들어주었다.

더불어 프랫 친구들과 함께 면접을 준비하면서 늘 나를 괴롭히던 영어 면접 준비도 제대로 해볼 수 있었다. 한국이든, 미국이든 면접장에서 물어보는 질문은 대게 예측할 수 있었는데 아래 몇 가지 포인트가 항상 핵심이었다.

① 자기소개와 지원동기
② 향후 목표와 지금 지원하는 포지션이 그 목표를 이루는 데에 도움을 주는 이유
③ 본인 성격의 장점과 단점, 그리고 단점을 극복하는 방법
④ 지금껏 했던 일 중 가장 자랑스러운 일
⑤ 실패했던 경험과 그 경험에서 배운 것

이런 포인트들을 미리 준비한 다음, 실전에서 질문을 알아듣지 못하는 일이 생기지 않도록 질문들을 여러 가지 버전의 영어 문구들로 작성했다. 그리고는 친구와 도서관에 앉아 그 질문에 좀 더 프로페셔널하게 대답할 수 있도록 대본을 만들기 시작했다.

존댓말이 없는 줄만 알았던 영어였지만 그 안에서도 비즈니스를 위한 정중한 화법들이 있었고 나를 돋보이게 해줄 수 있는 멋진 표현들 또한 많았다. 그런 화법과 표현들을 하나씩 첨삭 받으면서 나만의 영어 면접용 대본을 완성했다. 그리고 대본을 토시 하나 빠트리지 않

세계의 경계를 허물다

고 통째로 암기했다.

이렇게 통째로 모든 문장을 다 외워버리면 설령 준비되지 않은 질문을 받는다 하더라도 이미 외운 문장들을 조합해 어느 정도는 대답할 수 있기 때문이다. 조금 과한 방법이라 생각할지 모르겠지만, 그만큼 준비하지 않으면 질문을 잘 알아들을 자신도, 그리고 질문에 대한 내 생각을 절반이라도 대답할 자신도 없었다. 내게는 그저 나도 꼭 해내고 나도 꼭 해내고 싶다는 간절한 마음만 있을 뿐이었다.

이런 방법은 반기문 UN 사무총장의 일화로부터 아이디어를 얻은 것이다. 그가 UN 사무총장에 출마할 때 상임이사국 중 하나였던 프랑스가 거부권을 행사하려 했었는데, 프랑스어를 못한다는 것이 암암리에 전해지는 이유였다. 프랑스어는 외교가에서 오랜 시간 동안 일종의 표준 언어였고, 특히나 UN이 많은 관심을 가져야 할 아프리카 대륙에서는 대단히 중요한 언어였다.

이때 반기문 사무총장이 프랑스의 마음을 되돌리기 위해 선택한 방법이 바로 이 방법이었다. 당시 프랑스 대통령이던 자크 시라크 Jacques Chirac 전 대통령과의 면담을 준비하면서 벼락치기로 필요한 말들을 다 외워버린 것이다. 그런 노력이 있었기에 마침내 프랑스의 지지를 이끌어내고 UN 사무총장이 될 수 있었다는 비하인드 스토리가 있었다.

이 이야기를 인터넷을 통해 우연히 접했던 나는 마음을 울리는 신선한 자극을 받았었다. 그는 한국 나이로 64세에 UN 사무총장이 되었는데, 당시 20대 중반에 불과했던 내가 영어를 잘 못한다고 좌절만 하고 있을 게 아니라는 생각이 들었다. 결과야 어찌 되든 저만큼의 노력은 해봐야 하지 않겠냐고 다짐했다. 그리고 덕분에 면접에서 좋은 결과를 만들어낼 수 있었고, 나의 세계는 또 그만큼 더 넓어져 갔다.

세상은 내가 가슴속에 품고 있는 세계의 경계만큼만 그에 상응하는 크기의 꿈을 주었다. 내가 그 경계를 허물기 위해 두 눈을 질끈 감고 용기를 내어 한 발 더 내디뎠을 때, 그리고 그렇게 개척한 세계를 내 것으로 만들려고 부단히 노력하였을 때 내겐 딱 그만큼의 기회와 꿈이 더 생긴다는 것을 깨닫기 시작했다.

그리고 바로 이때쯤부터였다. 하버드에 가고 싶다던, 그래서 외교관이 되겠다던 과외 학생이 꿈꾸던 세계의 크기와 내가 꿈꾸는 세계의 크기가 점점 닮아가고 있다는 사실이 어렴풋이 느껴졌다. 불과 몇 년 만에 예전의 내가 감히 생각조차 하지 못했던 꿈이 내가 조금만 더 손을 뻗으면 잡힐 만한 거리로 점점 가까이 다가오고 있었다. 마음이 설레는 나날의 연속이었다.

세계의 경계를 허물다

"이상적인 인간은 삶의 불행을 위엄과 품위를 잃지 않고
건더내 긍정적인 태도로 그 상황을 최대한 이용한다."

— 아리스토텔레스

가장 높은 곳에
올라서다

나는 무엇을 위해 팀을 이끌었나

미국 네바다Nevada 주에 리노Reno라는 인구 20만 명 남짓의 크지 않은 도시가 있다. 미국 서부의 유명 휴양지인 레이크 타호Lake Tahoe의 스키 리조트들이 인접하고, 그래서 덩달아 카지노도 많이 생겨서 유명해진 작은 라스베이거스Las Vegas라 불리는 도시. 이 낯설고 이질적인 도시에서 교환학생 마지막 모험이 시작되었다. 교환학생 프로그램을 준비하면서 세웠던 세 가지 목표 중 인턴십 프로그램과 프랫은 이미 달성했고, 마지막으로 미국 공모전에 나가겠다는 목표만 남아 있었다. 바로 그 공모전이 열리는 곳이 이곳 작은 라스베가스, 리노였다.

대회 참가 한 달 전쯤에 대회를 위한 주제가 발표되었다. 미국 유명 MBA인 켈로그 비즈니스스쿨Kellogg School of Management at Northwestern University에서 만든 케이스로 '구글의 중국 진출 협상전략'이라는 주제였다. 케이스 안에는 구글과 중국 각각의 입장에 관해 상세하게 문제 상황이 설명되어 있었는데, A4 15장 분량에 걸쳐 필요한 도표와 차트까지 다수 포함되어 있어서 정성적인 분석은 물론 숫자에 기반을 둔 정량적인 분석과 판단까지도 요구했다.

케이스 내용에 따르면 중국 정부는 자국 이익에 반하는 민감한 검색 결과를 숨기거나 몇몇 반체제 인사의 이메일을 감시하는 등 자유로운 인터넷 활동을 저지하고자 했다. 미국의 유명 VoIP 소프트웨어였던 스카이프Skype의 대화 내용을 감시하는가 하면, 야후Yahoo에게도 반체제 인사들의 이메일 내용을 정부에게 공유하라고 압박하고 있었다. 그런 중국 정부의 칼날은 당연히 세계 최대 검색엔진인 구글에도 향할 수밖에 없었는데, 이메일 감시는 물론 검색결과에서 '천안문 사태' 같은 민감한 내용도 감시하고 걸러내길 바랐던 것이다.

반면 구글은 이런 불합리한 요구를 수용하면서 중국에서 사업을 영위할지 아니면 구글이 가지고 있는 신념을 밀어붙이되 막대한 중국 시장을 잃게 될지의 기로에 놓여 있는 상황이었다. 구글의 미션은 '세상의 정보를 모두가 편리하게 활용할 수 있게 하자'이며, '악해지지 말자 Don't be evil'가 핵심 가치였는데 중국 정부의 요구를 수용해 검색 결과를 조작하면 그동안 쌓아온 기업 이미지에 큰 타격을 받게 될 것이 자명했다.

구글로서는 이러지도 저러지도 못하는 굉장히 어려운 상황이었다. 그래도 나는 교환학생으로 오기 전에 한국에서 경영전략학회를 했던 경험이 있었기에 팀원을 잘 꾸리고 영어만 어떻게든 해결하면 아예 손도 못 댈 만큼 어려운 주제는 아니라고 생각했다.

대회 공지가 나자마자 호기롭게 프랫 내에서 팀을 꾸리기 시작했다. 같은 동기들은 물론 선배 기수에게도 같이 하지 않겠느냐고 팀원을 찾아다녔다. 그런데 웬걸. 생각보다 다들 반응이 신통치 않았다. 동양에서 온 교환학생이 못미더웠던 것일까. 기대와는 다르게 선뜻 하겠다고 나서는 사람이 나타나지 않아 시작부터 애를 먹었다.

나를 포함해 총 네 명으로 이루어진 팀원을 꾸려야 했는데 팀원을 제때 구하지 못한 탓에 결국 처음 2주 동안은 세 명이서 시작할 수밖에 없었다. 나와 크로아티아계, 일본계 미국인 이렇게 세 명으로

세계의 경계를 허물다

처음에 시작했고, 나중에 가서야 멕시코계 친구가 뒤늦게 합류한 덕분에 겨우 네 명의 팀원을 맞출 수 있었다. 하지만 나중에 이게 문제가 되어 준비하는 내내 마음고생이 이어졌다.

공모전 주제의 스케일이 너무 컸던 만큼 네 명 모두의 역할 분담과 긴밀한 커뮤니케이션이 중요했다. 하지만 처음에는 세 명밖에 없었던 데다 나의 영어 문제로 속도가 나질 않았다. 나중에는 중간에 추가로 들어온 한 명과 나머지 멤버들의 케이스 이해도 차이가 커뮤니케이션을 힘들게 했다.

그리고 다들 워낙에 다양한 백그라운드를 가지고 있다 보니, 옳다고 생각하는 방법에 대한 저마다의 관점 차이도 상당했다. 누군가는 기업의 제1목적이 매출이라 했고, 다른 이는 기업의 단기 이익보다 도덕적 당위성이 우선해야 한다고 했다. 난관이었다. 영어를 잘 못하는 한국인 팀 리더와 공모전이라고는 경험해본 적도 없는 비 경영대 소속 미국인 셋으로 이루어진 팀이 처음부터 술술 굴러갈 리 만무했다.

그럴수록 리더였던 내가 그들보다 더 많이 조사해서 알아보고 더 많이 고민해서 모두를 납득시킬 만한 논리적인 해법을 고안해내야 했다. 넷 중 가장 간절했던 사람은 다름 아닌 바로 나 자신이었기 때문이다. 그렇게 해야 영어는 조금 부족하지만 이 케이스에 대한 지식과 논리만큼은 다른 이들보다 더 단단하다는 걸 보여주고 팀을 이끌 수 있겠다는 생각이 들었다. 그렇지 않으면 발표 날까지 우리의 아이디어를 완성시키지 못할 게 너무 자명해 보였다.

먼저 중국 정부와 구글이라는 기업 각각이 무슨 목적으로 협상 테이블에 앉으려고 할지 나열해보았다. 각각의 경우에 따른 중국 정부와 구글의 유무형 손익을 열심히 따져보고, 단기적인 손익뿐 아니라 장기적인 관점의 손익까지 고려하면서 정말 사방팔방으로 자료를 수집하고 머릿속에 체계적으로 정리했다. 그렇게 일단 먼저 팀원들을 납득시킬 만한 스토리들을 확고하게 만들어두었다.

그와 동시에 최대한 팀원들과 일대일로 만나 일을 진행시키기로 했다. 각자 이해도가 다른 상황에서 넷이 동시에 모이면 이야기가 산으로 가기 일쑤였고, 나머지 셋의 빠른 영어 대화 속도를 내가 따라갈 수 없었기 때문이다. 이상적인 팀워크 모델은 아니었지만 최대한 한 명씩 따로 만나 차분히 논리적으로 그림을 그려가며 내가 밤새워 고민한 스토리들을 설득해 나갔다. 그러자 조금씩 팀원들의 마음도 열리기 시작했다. 저마다 목소리를 내던 그들이 전반적인 논리의 뼈대가 잡히기 시작하자 방향으로 잘 따라와 주었다.

이런 식으로 전반적인 논리의 뼈대는 스스로 잡아 한 명씩 설득하고, 이해도가 높았던 처음의 두 사람에게는 필요한 리서치를, 발표

세계의 경계를 허물다

력이 굉장히 좋았던 나중 친구에게는 발표 대본 준비를 따로 부탁했다. 미국에서 현지인들과 공모전 준비를 하게 될 거라고 예상하지 못했지만 지난 1년간 열심히 했던 한국에서의 경영전략학회 활동이 크게 도움이 되는 순간이었다.

학회 활동, 실패투성이였던 한국에서의 공모전, 프랫, 그리고 인턴십 경험까지. 제각기 따로 경험한 이 모든 것들이 점점 모여서 이런 어렵고 난감한 상황들을 극복하는 데에 큰 도움을 주었다. 어쩌면, 정말 어쩌면 무엇이 되었든 작은 상 하나 정도는 수상할 수도 있겠다는 생각이 들기 시작했다.

위기를 기회로 바꾸는 단 하나의 전략

아이디어가 거의 완성되어갈 무렵 또 하나 걱정이 되기 시작한 것은 역시나 나의 영어 실력이었다. 발표하는 것 자체는 모건스탠리의 인턴십을 준비했을 때처럼 대본을 만든 다음 통째로 외우면 되기 때문에 대본을 잘 만들어 그저 외우는 노력을 다하기만 하면 되었다. 하지만 그렇게 외워서 한 발표 이후에 있을 심사위원 질문에 대답하는 것은 단시간 노력으로 쉽게 해결될 수 없는 가장 큰 문제였다.

대회 심사 내용 중에는 모든 사람이 발표에 참여해야 한다는 것과 심사위원으로부터 지목당한 사람이 질문에 대답을 해야 한다는 규정이 있었기 때문에 친구들 뒤로 마냥 숨어 있을 수만은 없었다. 나도 심사위원들 앞에서 발표하고, 그들의 질문에 막힘없이 대답할 수 있어야만 했다. 15분이라는 짧지 않은 Q&A 시간이었다.

어떻게 해야 하나 고민에 고민을 거듭한 끝에 심사위원들의 심리를 파악해 그들의 질문을 도리어 역이용하기로 하였다. 본 적도 없는 외국인 심사위원들의 심리를 이용한다는 것이 실제로 될지 아닐지는 100퍼센트 확신할 수는 없었지만, 이번에도 모험을 걸어보기로 했다. 처음부터 끝까지 완벽하게 준비되어 있던 프레젠테이션 중간중간에 일부러 의문스러운 허점을 만들기 시작했다.

예를 들어,

"ABC에 투자하면 XYZ에 의해 대략 500억 원의 매출 상승이 기대됩니다."

라는 전형적인 프레젠테이션의 흐름이 있다고 하면, 이 내용을

"ABC에 투자하면 저희가 시뮬레이션을 돌려본 결과 첫 해에는 463억, 두 번째 해에는 511억 원의 매출 상승이 기대되었습니다."

라는 식으로 바꾸어버린 것이다.

세계의 경계를 허물다

그냥 단순히 대본만 바꾼 것이 아니라 발표 자료에도 유독 큰 글씨로 463억과 511억이라는 구체적인 수치를 표현하고, 발표하는 중간에도 심사위원의 눈을 정확히 바라보면서 직접 시뮬레이션 해보았다는 사실과 구체적인 수치를 거듭 강조했다. 그리고는 더 이상의 자세한 설명을 하지 않고 곧바로 왜 이 숫자들이 우리의 전략에 의미가 있는 숫자들인지를 보여주는 다음 슬라이드로 쓰윽 넘어가버렸다.

이렇게 해버리면 심리적으로 심사위원들은 당연히 이 부분이 궁금해질 수밖에 없겠다는 생각이 들었다. '도대체 시뮬레이션은 어떤 식으로 진행했는지', 그리고 '어떻게 463억과 511억이라는 숫자가 나왔는지', 마지막으로 '왜 첫 해와 두 번째 해에 47억의 차이가 발생하는지'를 궁금해 할 수밖에 없었다. 그렇게 발표 중에 강조하고서 슬쩍 넘어가버렸으니 노트에 이 내용을 질문하겠다고 따로 적어두지 않을 수 없었을 것이다.

그와 동시에 우리는 그 질문이 나중에 나올 것에 대비해 대답을 정말 철저하게 준비했다. 시뮬레이션 했을 때 사용한 가설과 계산 방법들, 어째서 그런 자세한 수치가 나왔고 왜 해마다 숫자가 다른지에 대해 깔끔하게 한 장으로 설명한 참고자료를 심사위원의 수만큼 미리 프린트 해 발표장에 가지고 왔다. 그래서 해당 질문이 나오면 '저희가 준비한 참고자료의 3페이지를 펼쳐보십시오'라고 운을 뗀 후 미리 연습한대로 상세하게 설명해주는 식이었다.

이렇게 장치를 마련한 서너 개의 질문들과 내가 심사위원이라면 궁금할 것 같은 질문들도 예측해 사전에 준비하였다. 대본을 다시 구성하고, 프레젠테이션을 위해 준비한 부분들을 강조할 수 있도록 연습하고 또 연습했다. 결과는 정말 놀라웠다. 실전에서 아주 정확히, 심사위원들의 질문이 그렇게 우리의 계획 안에서만 이루어졌다.

질문을 받을 때마다 우리는 서로의 눈을 보면서 싱긋 웃을 수밖에 없었다. 모두 사전에 준비한대로 자신 있게 답변할 수 있었고, 우리는 최상의 시나리오대로 Q&A를 넘겼다. 모험하지 않고 그냥 평범하게 Q&A를 준비했다면 분명 한두 번은 내 뜻대로 답변이 나오지 않아 마음을 졸여야 했을 것이다. 이 독창적인 준비 덕분에 우리 팀은 위기를 무사히 넘기는 것 이상의 결과를 얻을 수 있었다. 위기라고 생각했던 Q&A 타임이 도리어 기회가 되었던 것이다.

Q&A 준비에 더해 이왕 만드는 김에 한 장의 참고자료를 더 만들었다. 'One-sheeter'라 부르는 A4 한 장짜리 프레젠테이션 요약본이었다. 제일 상단에는 우리가 파악하고 정의한 이번 케이스 주제의 핵심 이슈들을 나열하고, 다음에는 문제 접근 방법에 대한 개요와 그렇게 해서 도출된 팀의 전략을 도식화해서 보여줬다. 그리고 가장 하단

에는 그런 전략으로 인해 예상되는 결과까지 기입해 우리 팀이 무슨 말을 하려 하는지를 종이 한 장으로 한 눈에 볼 수 있도록 구성했다.

그간의 경험으로 볼 때 보통 발표를 본격적으로 시작하기 전까지 이런저런 어색함이 흐르는 시간이 많았다. 대개의 경우 발표자들은 발표 장소의 문을 열고 들어가 어색하게 심사위원에게 인사한 후 프레젠테이션 내용을 담아온 USB를 꺼내어 컴퓨터에 연결하고 슬라이드를 실행시켰다. 그런 후 프레젠테이션 모드를 실행시키고 리모컨을 꺼내들고서 슬라이드가 잘 움직이는지 확인하기까지 해야 어수선한 시간을 정리하고 발표를 시작할 수 있었다. 나는 바로 이 'One-sheeter'가 그런 어색함과 어수선함을 없애면서 동시에 우리 팀의 발표도 도와줄 수 있는 좋은 수단이라고 생각했던 것이다.

발표 장소에 입장해 인사하자마자 'One-sheeter'를 심사위원들에게 한 장씩 나눠줬다. 다른 팀원들이 열심히 프레젠테이션을 세팅하는 1~2분 남짓의 시간 동안 첫 번째 발표자였던 다른 친구는 이미 이 참고자료를 가지고 심사위원과 가볍게 얘기를 시작할 수 있었다. 이런 식으로 전반적인 발표의 개괄을 알고 시작한 심사위원들의 몰입도는 당연히 다를 수밖에 없었다. 심사위원들은 프레젠테이션 내내 참고자료와 발표자료를 번갈아 확인하면서 밀도 있게 우리 이야기에 빠져들었다.

이러한 일련의 시도는 사실 굉장히 색다른 것이었다. 나는 항상 묵직하게 정면 돌파하는 것을 선호하는 유형의 사람이었기 때문이다. 철저하게 계획을 세우고 또 그걸 진득하게 오랜 시간 하나씩 해나가는 것이 익숙한 유형의 사람이었다. 하지만 시간이 흐르고 경험이 쌓이면서 그런 정면 돌파에 앞서 정말 승산이 있는지를 냉정하게 판단하는 것이 중요하다는 것을 깨달아 갔다.

돌이켜보면 크게는 나의 미래가 이대로 흘러가면 꿈꿔왔던 것과 다를 것이라는 판단이 섰기에 철저하게 학회활동과 교환학생, 그리고 인턴십 계획을 세운 것이 출발점이었다. 그리고 작게는 이번 미국 공모전에서처럼 영어라는 치명적인 단점을 다른 방법으로 극복하지 못하면 승산이 없다, 라는 냉정한 상황 판단이 있었다. 이런 판단 아래 승산이 없다는 생각이 들면 마음가짐은 정면 돌파를 하는 심정으로 무겁게 가져가되 반대로 전략은 유연하고 가볍게 가져가야 했다. 이런 색다른 시도가 좋은 결과를 가져다주는지에 따라 앞으로 있을 인생의 모험에서 내 운신의 폭이 결정될 터였다.

마침내 모든 준비를 끝냈다. 결전의 땅, 리노로 향하는 길은 복잡 미묘한 감정으로 뒤섞여 있었다. 외국을 처음 와본 한국인이 다채로운 팀원들을 이끌고 미국에서 공모전에 나가다니 살다보니 별 일이다 있다는 생각이 들었다. 지난 한 달간 우여곡절 끝에 준비를 마친 공모전이었다.

이제 한 고비만 넘기면 된다는 생각에 조금씩 가슴이 떨려왔다. 학교에서 리노의 호텔까지는 차로 대략 두 시간 거리였다. 우리는 하루 전날 저녁에 출발해 리노에 미리 도착할 계획이었다. 최종적으로 발표도 맞춰봐야 했고, 스크립트도 마지막 순간까지 다듬고 또 다듬어야 했다. 리노로 가는 차 안에서도 쉼 없이 연습을 해야 했다.

하지만 한 시간쯤 달렸을까, 곧 좋지 않은 전조가 찾아왔다. 스키장 리조트가 많은 동네라고 하더니 폭설이 쏟아지기 시작한 것이다. 두 시간이 걸린다던 거리는 다섯 시간을 훌쩍 넘기도록 줄어들지 않았다. 설상가상으로 갑자기 차가 눈 속에 빠져버렸다. 아무리 가속페달을 밟아보고 핸들을 이리저리 틀어도 차는 움직이질 않았다. 계속 헛바퀴만 돌 뿐이었다.

가뜩이나 발표를 하루 앞두고 예민해져 있는데 정말 마지막 순간까지 애먹이는구나 하는 생각이 들었다. 눈 속에 파묻혀 제각각 헛바퀴질을 해대는 네 개의 바퀴들. 그 바퀴들을 보면서 공모전을 준비하던 지난 한 달 동안의 우리 팀과 꼭 닮았다고 생각했다. 마음과 다르게 따로 노는 네 개의 바퀴와 지난날 서로 너무 달랐던 네 명의 팀원이 절로 머릿속에서 오버랩 되는 동안 우리 모두는 차를 눈 밖으로 밀고 또 밀었다.

우여곡절 끝에 도착한 리노는 화려한 도시였다. 작은 라스베이거스라는 별명에 걸맞게 거리 곳곳이 화려한 네온사인으로 뒤덮여 있었다. 하지만 우리는 네온사인에 설렐 마음의 여유가 없었다. 허겁지겁 호텔로 들어가 마지막 발표 준비를 하고 또 했다. 도대체 몇 번이나 대본을 읽었는지 프린트한 대본 종이가 너덜너덜해질 정도였다.

다음날 함께 온 친구들의 응원을 뒤로 한 채 발표장으로 향했다. 이 발표 하나만 잘 마무리 하면 미국에 오기 전 계획했던 세 가지 모두를 달성하게 되는 것이었다. 멋지게 마무리하게 해달라고 맘속으로 빌고 또 빌었다.

다행히 발표는 예측하고 준비한 만큼 부드럽게 흘러갔다. 모두들 완벽하게 대본대로 발표해주었고, 걱정해 마지않았던 Q&A 시간도 의도한 대로 준비한 내용 안에서 완벽하게 이루어졌다. 중국 정부를 이해하는 입장에 서 있던 심사위원도, 구글의 처지를 공감하던 심사위원도 모두 적당한 절충안에 흡족한 듯 보였다. 이제 호텔 컨벤션센터에서 발표될 우승팀 선정 행사에서 지난 한 달간의 노력이 판가름 날 것이었다.

세계의 경계를 허물다

'The Biggest Little City in the World.'

세상에서 가장 큰 작은 도시. 이 역설적이고도 재치 있는 문구는 리노라는 도시를 상징하는 문장이다. 리노 도심에 들어서는 길 위에 큼지막하게 화려한 네온사인으로 쓰여 있는 문장이다. 바로 그런 도시의 역설 때문이었을까. 그날 저녁, 역설적이게도 나는 가장 작은 세계에서 왔지만 낯선 땅의 단상 가장 높은 곳에 선 사람이 되었다.

스탠퍼드Stanford나 버클리Berkeley 같은 유명 대학 팀들을 전부 제치고서 당당히 1등을 거머쥐었다. 응원한 친구들과 우리 팀 전부는 사회자의 1등 발표가 나자마자 서로 얼싸안고 나뒹굴었다. 프랫 역사에서도 우리 학교가 1등을 한 것은 처음이었다.

나는 당당히 무대 위에 올라섰다. 무대 아래에는 대회에 참가했던 다른 팀들과 각 학교에서 응원하러 온 수백 명이 한국에서 온 어느 교환학생을 축하하며 환호하고 박수치고 있었다. 모르긴 몰라도 어쩌면 그 자리에 한국인 교환학생은 나밖에 없었을 것이다. 그리고 그날 밤 작은 라스베이거스의 주인공은 다름 아닌 바로 나였다.

나는 내 몸에 흐르는 전율로 온몸에 소름이 돋을 지경이었다. 기쁘다는 말보다는 오히려 다행이라는 생각이 앞섰다. 이제야 내 인생이 제대로 굴러가겠구나 하는 안도감이었다. 영화 〈행복을 찾아서〉의 마지막 장면에서 윌 스미스가 두 손을 불끈 쥐고 기뻐서 어쩔 줄 몰라 하는 모습을 보며 나도 언젠가 저렇게 기뻐할 수 있을까, 라고 간절하게 바랐던 적이 있었다. 월스트리트를 걷는, 그가 부러워해 마지않던 사람들 사이를 두 손 불끈 쥐고 걸으며 그도 다행이라는 생각을 하지 않았을까? 그때는 어느 것 하나 내 마음대로 되는 게 없던 때였다.

그 영화를 본 날로부터 약 4년이 지난 이날 밤, 오랜 기다림 끝에 내게도 그토록 바라던 주체할 수 없는 크기의 기쁨과 성취감이 찾아들었다. 나를 끊임없이 괴롭히던 지독한 실패의 패배의식이 마침내 자신감으로 뒤바뀌는 순간이었다.

"저의 인생 철학은 자신의 삶을 스스로 책임질 뿐만 아니라, 이 순간 최선을 다하면 다음 순간에 최고의 자리에 오를 수 있다는 것입니다."

― 오프라 윈프리

사고의
스펙트럼

행복해질 수 있는 다른 방법을 찾다

1년이 채 못 되는 교환학생 기간 동안 다행히 나는 외형적인 성장을 많이 이루어냈다. 처음 프랫에 지원하려고 만들었던 영문 이력서만 해도 딱히 쓸 내용이 없어 군데군데 빈칸을 채우기 위해 고생한 흔적이 역력했다. 그러던 이력서에 프랫 활동, 해외 인턴십, 그리고 미국 공모전 우승까지 단시간에 많은 내용들이 채워지면서 드디어 어느 정도 모양이 갖춰지기 시작했다. 언젠가 도서관 열람실에 앉아

세계의 경계를 허물다

블루오션blue ocean을 찾지 못할 바에야 치열한 레드오션red ocean의 경쟁에서 이겨내겠다고 다짐했던 대로 하나씩 성장을 이어갔다.

그런 외적 성장과 동시에 미국 생활은 내적 성장에도 큰 영향을 주었다. 태어나서 처음 본 대한민국 바깥의 세상이었다. 보고 듣는 모든 것이 너무 신기했다. 단순히 여행하면서 세상의 겉모습만 눈에 담은 것이 아니라 프랫 활동을 하면서 미국 자체를 마음에 담았기 때문이다. 이때의 몇 가지 경험들은 지금까지도 삶을 살아가는 데 있어 중요한 길잡이가 되어주었다. 한국에 있었다면 아마 한 번도 스스로에게 물어보지 않았을 내용들이다.

일례로 프랫 동기 중 친하게 지내던 리오Leo의 이야기가 있다. 리오는 중국과 필리핀 혼혈인 이민 2세대였고 학교를 졸업한 후 세계 최대 비즈니스 인맥 사이트인 링크드인Linkedin 본사에 입사한 똑똑한 친구였다. 프랫 활동을 하던 당시에도 동기들 중 단연 실력이 돋보였었고, 7주 연수기간 중에도 영어 때문에 힘들어하던 나를 정말 많이 도와주었다.

그러던 어느 날, 리오에게서 생각지도 못한 이야기를 들었다. 예전에 굉장히 유명한 다른 대학에 합격했었는데 그곳에 가지 않고 지금의 학교를 다니기로 했다는 이야기였다. 정확하게 맞는 비교인지는 모르겠으나 굳이 비교하자면 서울 명문대에 합격하고도 지방 국립대로 진학한 격이었다. 나는 깜짝 놀라서 물었다.

"왜 더 좋은 학교를 놔두고 여기를 다니는 거야?"

그랬더니 리오는 도리어 의아해 하는 얼굴로 나를 쳐다보며 대답했다.

"여기도 충분히 좋은 학교인데?"

다소 어처구니가 없었다. 한국에서는 조금이라도 더 좋은 대학에 가기 위해 입시에서 눈치 싸움을 하고, 어떻게든 서울로 가려고 하는데 '여기도 충분히 좋은 학교'여서 더 좋은 대학을 가지 않았다니 이건 무슨 말도 안 되는 소리인가 싶었다. 특히 1년을 감옥 같던 기숙학원을 다니면서 재수를 했던 내게 더더욱 와 닿지 않는 말이었다. 나는 재차 물었다.

"아니 아무리 충분히 좋은 학교라 해도 그렇지. 그래도 더 좋은 학교를 나와야 좀 더 좋은 회사에 취직하기 쉬워지는 거 아니야?"

자세까지 새롭게 고쳐 앉아 같은 질문을 또 하는 나에게 리오는

세계의 경계를 허물다

왜 그런 선택을 했는지 좀 더 자세히 대답해주었다.

"더 좋은 학교를 나오면 더 좋은 회사에 취직하기가 좀 더 쉬워지는 것은 맞지만 그렇다고 차이가 엄청 많이 나는 것도 아니야. 그리고 그렇게 큰 차이가 아닌데 내가 다른 곳으로 가면 가족이랑 떨어져 지내야 하잖아."

그 대답은 한 번도 생각해보지 못한 관점이었다. 가족이랑 가까이 있기 위해 대학의 간판을 바꾸다니 나에게는 있을 수 없는 결정이었다. 마치 경주마처럼 앞만 보고 열심히 달려 왔기에 가족이나 주변을 생각해본 적이 없었기 때문이다. 대학에 합격하고 서울로 처음 상경했을 때도 그런 생각이 들지 않았다. 그래서 솔직히 리오의 그 말이 처음부터 와 닿지 않았다.

하지만 미국에서 지내는 시간이 점점 길어질수록 여기 이곳에 있는 사람들은 확실히 리오와의 대화에서 느꼈던 것처럼 가치관이 매우 다르다는 것을 느낄 수 있었다. 내가 조금이라도 더 나은 삶을 살기 위해 발버둥치는 바로 그 순간, 반대로 이곳의 많은 사람들은 무엇이 더 나은 삶인지를 고민하고 있었던 것이다.

내게 더 나은 삶이란 어느 순간부터 당연히 남들보다 조금 더 좋은 직장과 조금 더 많은 연봉을 받는 것이었다. 이것 말고 다른 기준이 더 나은 삶을 가져다줄 거라 생각하지 못했다. 지금에 와서야 담백하게 말할 수 있는 사실이지만 나는 앞만 보고 달려왔기 때문에 당시 만나고 있던 친구와 헤어져야만 했던 기억도 있다. 프랫에서 혹독한 연수기간을 보내다가 인턴십을 하고, 연달아 공모전에 한 달 내내 매달려 있느라 주변 사람을 챙기지 못한 탓이었다.

반면 이곳 사람들은 조금 더 나은 직장과 조금 더 많은 연봉처럼 획일화된 가치와는 사뭇 다른 저마다의 가치를 찾고 있었다. 공모전을 준비하는 동안 한 친구가 계속 주장하던 기업의 도덕적 당위성이 기업의 수익보다 더 우선시되어야 한다는 이야기라든가 동물 복지를 외치면서 채식주의를 선언한 프랫의 어떤 친구, 그리고 학교의 이름보다 가족을 택한 리오의 이야기까지 저마다 가치들이 사회 전반에 풍성하게 깔려 있었다.

그중 프랫 동기들과 함께 노숙자를 위한 통조림을 기부 받으러 다닐 때의 일이 기억에 남는다. 미국에서는 파스타 소스라든가 옥수수 같은 통조림 음식을 굉장히 많이 먹었는데 대체로 월마 Wal-Mart 나 코스트코Costco에서 대량구매한 통조림들이 집집마다 많이 쌓여 있었다. 우리는 동네 주변을 돌아다니면서 이런 통조림을 기부 받아 노숙자 지원 센터에 전달할 계획이었다.

세계의 경계를 허물다

사실 나는 시작하기도 전에 이 아이디어에 사뭇 비관적이었다. 한국에서는 무작정 집으로 찾아가는 것이 전혀 환대받지 못할 일이기 때문이기도 했고, 범죄도 많고 위험한 사람도 많은 미국이라는 나라에서 누구인지도 모르는 우리에게 선뜻 대문을 열어줄 리가 없다고 생각했다.

하지만 예상은 보기 좋게 빗나가고 말았다. 인터폰을 누르고 우리가 무슨 일로 찾아왔는지를 말하는 순간 어김없이 대문이 활짝 열렸다. 젊은 부부, 노부부, 아이들이 있는 중년 가정까지 너나 할 것 없이 우리를 반갑게 맞아주었다. 특히 초등학생 정도로 보이는 두 아이가 있던 한 가정은 정말 인상적이었다.

아주머니가 처음부터 너무도 반갑게 맞아주었는데, 우리가 하고 있는 활동 이야기를 자세히 듣더니 각자의 방에서 숙제하고 있던 두 아이를 불러내었다. 그리고는 아이들에게 우리를 소개해주고서는 우리가 무슨 일을 하는지, 그리고 왜 이런 일이 필요한지를 차분히 설명하는 게 아닌가.

그 모습은 좋은 의미에서 내게 또 다른 충격이었다. 이야기를 듣고 있던 아이들의 호기심 어린 눈빛과 그 눈을 바라보며 설명을 계속하는 아주머니의 모습. 이 둘을 번갈아 보던 내 마음속에 불현듯 파도가 일었다. 그 모습이야말로 내가 그동안 오래도록 찾아 헤매던 행복이 아닐까 하는 생각이었다.

　　이후 나는 '행복해질 수 있는 다른 방법도 찾은 것 같다'라는 말을 틈날 때마다 사람들에게 하게 되었다. 행복이라는 단어를 떠올릴 때 제일 먼저 떠오르는 모습이 바로 그날의 모습이 되었다. 친구들과 통조림을 기부 받으러 다니던 그날의 날씨와 공기, 동네의 정경과 잘 정돈된 집안 풍경, 그리고 무엇보다 그 집에 살던 가족의 마음씨와 웃음소리까지. 언제나 더 좋은 직장과 높은 연봉을 향해 앞만 보고 달려가는 경주마의 좁은 시야보다 훨씬 넓은 사고의 스펙트럼을 갖게 된 것이다. 늘 사람들에게 이력서, 스펙, 그리고 학점과 같은 무채색의 말들만 해대던 나에게 생긴 긍정적이고 소중한 변화였다.

　　나는 이런 변화들이 지금의 나를 만들었다고 믿는다. 그때의 경험이 없었다면 지금의 내 모습도 무미건조한 무채색이지 않았을까. 훗날 1년 남짓의 시간과 경험이 내가 가고 싶은 회사를 찾는 기준을 정하고, 더 나아가 내가 살고 싶은 삶의 모습을 재단하는 데에 있어 결정적인 역할을 하게 되었다.

드라마틱한 반전의 10개월

나에게 찾아온 또 다른 큰 변화는 내가 저마다의 다름을 대하는 방식이었다. 지금도 이상적일 만큼 완전히 유연해지지는 않았지만 교환학생 프로그램에 참여하면서 경험한 이런 다양한 가치관들을 직접 눈으로 보고 체험하면서 조금씩 다름이라는 것을 인지하고 인정하기 시작했다. 이전의 나는 굉장히 사고가 막혀 있는 전형적인 인간이었다. 고등학교를 다니던 중에는 여러 번 육군사관학교에 지원해보지 않겠냐는 제안을 받았고, 친구들은 나를 종종 《우리들의 일그러진 영웅》에 나오는 '엄석대' 같다고도 했다.

당시 내가 다니던 학교에는 교련 과목이 있었는데 제식훈련마저 나에겐 별다른 거부감이 없었다. 좋게 말하면 나는 원칙을 잘 지키고 뚝심 있는 학생이었고, 나쁘게 말하면 내가 항상 옳고 남은 틀렸다고 생각하는 고지식한 학생이었다. 정해진 규칙에는 의문을 던지지 않는 무딘 사고의 소유자이기도 했다. 그 때문에 주장이 강했던 나는 종종 타인과 트러블이 있을 수밖에 없었다.

하지만 다양성의 상징과 같은 나라인 미국에서 온갖 국적의 다양한 친구들과 교환학생 생활 내내 부대끼다보니 자연스럽게 이런 나의 모습을 다시 되돌아보게 되었다. 이곳에선 모두가 제각기 다른 모습으로 다른 주장의 이야기를 하고 있지만 누구도 그것을 틀렸다고 말하지 않았다. 틀린 것이 아니라 다른 것이라는 공감대가 사회 전반에 자리 잡고 있었다. 많은 사람들이 획일적이고 유연하지 못한 규칙에 의문을 던지면서 건전한 토론에 많은 가치를 두었다.

예를 들어 수업시간에는 양방향 토론식 수업이 일상이었고 교수님은 어느 대답도 틀렸다고 결정짓지 않았다. 그동안 익숙했던 한국의 주입식 수업과는 전혀 달랐다. 모건스탠리에서 인턴십을 할 때도 그 누구도 인턴들의 의견을 무시하지 않았다. 모든 직원이 각자의 이야기를 하나하나 진지하게 들어주었다. 인턴이라 해서 누군가가 시키는 일만 묵묵히 따라야하는 것도 아니었다.

당시 읽었던 데일 카네기Dale Carnegie의 《카네기 인간관계론How to Win Friends and Influence People》은 이런 경험의 토대 위에 변화의 불꽃을 일으켜주었다. 이 책에는 훌륭한 인간관계를 유지할 수 있는 여러 가지 주옥같은 원칙들이 소개되어 있는데 그중 특히 제1원칙이 그때의 나에게 와 닿았다.

'사람들을 비판, 비난하거나 불평하지 말라.'

카네기에 따르면 사람들은 천성적으로 자신의 잘못을 잘 인정하지 못하며, 그 때문에 다른 사람으로부터 비판이나 비난을 받게 되면 자연스럽게 적의를 불러일으킨다는 것이다. 그래서 결국 비판이 정당한지 아닌지가 중요한 것이 아니라 사람들 사이의 감정 문제가 된다는 내용이었다.

책을 읽는 내내 정말 많은 후회와 반성의 감정이 피어올랐다. 과거에 자원교사 활동을 하면서 공부방 학생들을 무섭게 다그쳤던 일, 경영전략학회를 하면서 팀원들과 의견이 맞지 않아 다투던 일 등이 떠오르면서 왜 그때 나만의 생각만 옳다고 여기며 사람들을 비판하고 비난했는지 부끄러워졌다. 미국에서 경험한 다양한 가치와 문화에다 책 내용까지 더해지니 훨씬 더 마음 깊이 부끄럽고 미안한 마음이 들었다.

나는 경직된 사고를 조금씩 바꾸기 시작했다. 마음에 여유를 가지고서 사람들 이야기를 진득하게 끝까지 들어주게 되었다. 또한 누군가의 생각에 옳고 그름의 가치판단을 먼저 하지 않았다. 대화하는 방식에도 변화를 주었다. "아니야, 틀렸어"라는 말 대신 "나는 이렇게 생각하는데"라고 바꾸었다. 칭찬도 빠트리지 않았다. 좀 더 유연해진 사고로 작은 것부터 하나씩 실천하기 시작하자 긍정적인 성장이 찾아오기 시작했다.

사람들 이야기에 관심을 가지고 귀 기울여 듣게 되자 처음에 내가 옳다고 주장한 내용에 하나 둘 허점이 보이기 시작했다. 교환학생 프로그램을 마치고 이후 학회에 돌아가서는 학회원들이 가져온 아이디어를 끝까지 듣고서 내가 준비한 아이디어와 비교하고 허심탄회하게 공유할 수 있었던 것도 그러한 깨달음 덕분이었다. 내가 놓친 부분은 솔직히 공개하고 사람들의 아이디어로 그 부분을 채워 넣을 수 있게 되었다. 그렇게 공유된 아이디어들로 인해 나 자신도 계속해서 발전할 수 있었던 것은 너무도 당연했다.

이렇게 유연해진 덕분에 새로운 시도도 피하지 않았다. 더 이상 예전의 고지식했던 내가 아니었다.

그때의 경험이 정말 도움이 되었던 것일까. 그렇게 고지식했던 내가 결국은 그 반대편에 위치해 있는 구글이라는 회사에서 일하게 되었다. 다양성과 창의성으로 항상 미디어에 소개되는 회사에 말이다. 처음 구글에 입사하게 되었다고 주변에게 알리기 시작했을 때 사람들의 반응은 굉장히 흥미로웠다. 나를 예전부터 알고 지냈던 친구들은 의외라 했고, 교환학생 프로그램을 다녀온 이후부터 알게 된 사람들은 구글이 나와 잘 어울린다고 했다. 그만큼 나는 10개월의 미국 생활 동안 외적으로도 또 내적으로도 드라마틱한 반전을 많이 이루어냈다.

Chapter 4.

내 인생의
주인공

"다른 사람이 가져오는 변화나 더 좋은 시기를 기다리기만 한다면 결국 변화는 오지 않을 것이다. 우리 자신이 바로 우리가 기다리던 사람들이다. 우리 자신이 바로 우리가 찾는 변화다."

— 버락 오바마

훔칠 수 있는 건
전부 훔쳐야 한다

실력을 기르는 지름길

구글에서 일하면서 가장 좋은 점이 무엇이냐는 질문을 종종 받아 왔다. 대부분 매일 제공되는 뷔페식 식사, 수평적이고 자유로운 근무 환경, 혹은 직원 건강을 위한 사내 피트니스 클럽 같은 잘 알려진 구글의 복지나 기업문화와 관련된 대답을 기대하고 던지는 질문들이 었다. 앞서 언급한 다양성과 창의성을 발휘할 수 있는 구글의 그런 기업문화들 말이다.

내 인생의 주인공

아무래도 회사의 이런 측면들이 미디어를 통해 많이 노출되고 회자되었기 때문에 모두들 정말 실제로도 그런 것인지 확인하고 싶어 했다. 물론 모든 요소들이 회사 안에 잘 버무려져서 나를 포함한 직원들의 업무효율을 극대화시켜주고, 동시에 직원들의 회사에 대한 열정을 높여주고 있는 것은 틀림없었다. 덕분에 나 역시 이런 부분들에 감사해 하면서 열심히 회사 업무를 수행해 왔다.

하지만 내게 있어서 현 직장의 가장 큰 장점은 그런 복지나 기업문화보다 나보다 뛰어난 동료들 및 매니저와 함께 일한다는 사실이다. 현재 우리 팀에는 대략 15개 국적으로 이루어진 스무 명 남짓의 팀원들이 있는데, 이렇게 다양한 배경을 가진 팀원들 한 명 한 명이 다방면에 뛰어난 능력을 가지고 있다.

예를 들어 일본인 동료는 데이터 분석을 정말 잘하며, 아일랜드 출신 동료는 커뮤니케이션에 정말 능수능란하다. 그래서 그들과 함께 일하다보면 하루하루 자연스럽게 많은 것을 배울 수 있었다. 평생 직장 개념은 없어진 지 오래되었고, 마치 용병처럼 언제든 시장의 요청에 응해 실력을 증명해야 하는 오늘날 비즈니스 세계에서 이렇게 나보다 더 출중한 사람들과 함께 배우면서 성장한다는 게 가장 큰 장점이지 않을 수 없었다.

'본인보다 더 나은 사람을 채용하라.'

예전 구글 최고인적자원책임자였던 라즐로 복Laszlo Bock이 《구글의 아침은 자유가 시작된다Work Rules!》라는 저서에서 밝힌 구글의 채용원칙인데, 나는 앞서 말했던 구글의 여러 가지 복지보다 이 원칙을 더 좋아한다. 이런 채용의 원칙이 늘 뛰어난 인재들을 끌어들일 수 있는 좋은 유인이 되고, 한편으로는 기존 직원들도 계속해서 성장하게 하는 동력이 되기 때문이다. 이런 채용의 원칙 덕분에 나 역시 항상 동료들로부터 자극받으면서 발전하고자 하는 욕심이 끊임없이 생겨났고 심지어 나뿐만 아니라 팀 전체가, 아니 때때로 회사 전체가 그런 욕심으로 가득 차 있다고 느꼈다.

학창 시절 평균 이하의 공대생이었다가 성공적으로 비즈니스 분야로 옮겨갈 수 있었던 것도 결국 내 주변에 이런 뛰어난 동료들이 있었기 때문이다. 전역하던 그 일생일대의 중요한 날에 차마 고향집에 내려가지 못하고 군복을 입은 채 면접을 봤던 경영전략학회라든가, 예전에는 생각지도 못했던 다양한 관점을 심어준 미국의 프랫 활동, 그리고 구글에 입사하기 전까지 했던 세 번의 인턴십, 이 모두가 나보다 나은 훌륭한 사람들을 가까이 두고 배울 수 있는 좋은 기회들이었다.

내 인생의 주인공

나는 경영전략학회를 무려 3년 동안이나 했었는데, 그것은 아무리 며칠 밤을 새우고 고민해서 세미나 주제를 발표해도 항상 더 나은 논리와 근거를 가지고 있는 사람들이 있었기 때문이었다. 그러면 그 부분을 기억했다가 다음번에 적용해보고 이후 다시 새롭게 배우는 것이 있으면 그 다음번에 새롭게 적용해보는 작업을 끊임없이 반복했다. 1년에 마흔 번쯤이나 되는 학회의 세미나를 서로 각기 다른 주제로 팀원/팀장을 매번 바꿔가며 참가했으니 수많은 밤샘과 사람들 사이의 피드백을 통해 내 생각을 뛰어넘는 훌륭한 생각을 1년 동안 수백 번이나 접하게 되는 것이었다. 내게는 나보다 뛰어난 이런 수백 개의 생각들이 소중했다.

이 생각들이 바로 공대생인 내가 비즈니스를 배울 수 있는 유일한 창구이자 실력을 기르는 지름길이었다. 혼자서 노력하면 내가 잘하고 있는지, 못하는 것은 무엇인지 알기 힘들었지만 모두가 같은 주제를 동시에 치열하게 고민하고서 결과를 서로 비교하면 너무나도 명확하게 나의 장단점을 파악할 수 있었다.

그렇게 해서 느껴지는 부족함을 나보다 더 나은 사람의 수준만큼 끌어올리려고 부단히 노력할 때 그제야 실력이 발전하는 것이었다. 그렇게 매주 성장하는 기분이 이루 말할 수 없을 정도로 좋았다. 그래서 1년만 해도 될 학회 활동을 2년이나 더 했고, 심지어 구글에 합격하고도 한 학기 동안은 매주 세미나에 참석했다.

꼭 학회가 아니어도 상관없었다. 나보다 더 나은 사람들로부터 배우는 기회는 본인의 의지만 있으면 언제든 만들어낼 수 있었다. 일례로 나 역시 그동안 수많은 공모전에 떨어졌는데 나는 수상자 발표 이후 떨어진 것을 확인하고 실망하는 데에서 도전을 끝내버리지 않았다. 그렇게 끝나버리면 그동안 공들인 시간과 노력이 그냥 물거품이 되는 것 같았기 때문이다. 대신 꼭 나중에 수상 작품이 소개될 때까지 기다렸다가 공개된 수상작들의 내용을 면밀히 살폈다. 혹시라도 수상작이 공개되지 않는 경우에는 회사 담당자에게 부탁해서라도 수상 작품을 확인했다.

이 팀이 도대체 무엇 때문에 나를 누르고 우승했는지 혹은 행여나 내용에 흠결이 없는지를 찾아내고픈 시기에 찬 마음 때문이 아니라, 정말 나보다 나은 부분을 찾아서 모든 것을 전부 내 것으로 만들고 싶은 마음이 컸기 때문이다. 그렇게 한 작품 한 작품 살펴보다 보면 꼭 몇 개쯤은 내가 놓쳤던 부분이 있게 마련이었는데 바로 그것을 찾아내어 내 것으로 흡수시켜야 탈락한 공모전에 쏟아 부은 시간과 노력이 헛되지 않기 때문이다.

정말 좋아하는 만화인 《슬램덩크》에 보면 농구팀 감독인 안 선생님의 특별한 대사가 나온다.

내 인생의 주인공

"태웅 군의 플레이를 보고 훔칠 수 있는 건 전부 훔쳐야 해요. 그리고 태웅 군보다 세 배 더 연습할 것! 그렇지 않으면 절대 따라잡을 수 없어요."

농구 초보이면서 자존심 강하고 남들보다 농구를 더 잘하고 싶어하는 강백호에게 팀 에이스인 서태웅의 플레이를 보고 배우라고 조언해주는 대사인데, '훔칠 수 있는 건 전부 훔쳐야 한다'라는 말이 내가 가지고픈 마음과 같았다. 훔칠 수 있는 걸 전부 훔치려고 욕심을 부려야 그것이 내 것이 되었고, 그 훔친 것들을 끊임없이 여러 상황에 실전같이 사용해봐야 조금씩 따라잡을 수 있기 때문이다. 20대 중반이 되어서야 겨우 하고 싶은 것을 찾은 나는 마치 강백호 같은 심정으로 훔칠 수 있는 건 전부 훔치려고 애써 매달려야만 했다. 그렇게 해야 뒤늦은 출발을 만회할 수 있었다.

인턴십은 이력서 한 줄을 채우기 위한 것이 아니다

이렇게 나보다 더 나은 생각들로부터 배우는 방법은 여러 회사에서 인턴십을 하면서도 똑같이 적용할 수 있었다. 인턴십을 하는 중에 우리는 회사의 여러 가지 기본 업무나 프로젝트를 부여받게 된다. 나역시 면접장에서 받는 질문도 그렇고, 인턴십을 하는 중에 부여받는 프로젝트도 그렇고 대게는 기존 직원들이 계속해서 고민하고 있는 질문이나 프로젝트인 경우가 많았다.

잘 정리된 해답은 당장 없을지라도 오래도록 고민했던 만큼 질문이나 프로젝트에 어떤 점들이 중요한지 깊이 잘 알고 있기 때문이다. 그렇기 때문에 대학생으로서 아무리 열심히 한들 오랜 시간과 노력을 해당 업무에 쏟아 부은 기존 직원들만큼 그 질문에 완벽한 결과물을 내놓기는 쉽지 않았다. 스스로 훌륭하게 잘해냈다고 생각해도 미처 생각지 못했던 부분이 생기거나 디테일이 떨어져 완성도는 80점 정도에 그치기 일쑤였다.

그러면 직원들은 인턴이 만든 이런 결과물을 다시 해석해서 실제 업무에 사용할 수 있도록 개선하기 마련인데, 바로 이 두 결과물의 차이를 인지할 수 있느냐가 인턴십에서 가장 중요한 포인트였다. 내가 만든 80점짜리 결과물과 그것을 개선한 100점짜리 결과물의 차이 말이다. 나머지 20점의 차이가 내 눈에 보이느냐 아니냐가 실력을 기를 수 있는지를 결정하는 중요한 시발점이었다. 보통은 그 차이를 인지하지 못하고 그냥 프로젝트를 떠나 보내버리고 만다.

하지만 인턴십의 진짜 목적은 앞의 80점이 아니라 뒤의 20점에 있다. 80점만큼 일하기 위해서가 아니라 나머지 20점을 배우기 위해 인턴십을 한다는 관점의 전환이 중요했다. 인턴십이 끝난 후에

내 인생의 주인공

도 100점짜리 모습을 기억했다가 이후로 내놓는 나의 모든 결과물을, 기억해둔 100점짜리 모습에 견줄 수 있도록 계속 노력해야 비로소 그것이 나의 진짜 실력이 되기 때문이다. 아무런 생각 없이 부여받은 일만 처리하다가 부랴부랴 인턴십을 끝마쳐버리면 이력서에 적을 수 있는 한 줄의 경력사항 외에는 얻을 수 있는 것이 별로 없게 마련이다.

내게는 보스턴컨설팅그룹에서 인턴십을 할 때 어깨너머로 본 컨설턴트들의 프레젠테이션이 바로 그런 차이를 인지할 수 있는 좋은 기회였다. 그때는 이미 2년의 경영전략학회와 미국에서의 프랫 활동, 그리고 모건스탠리와 그루폰코리아에서 인턴십을 끝낸 후라 어느 정도 실력에 자신이 있었다. 프레젠테이션은 수십 번 해보았고 미국 공모전에서 우승한 적도 있었다. 하지만 아무리 그런 경험을 쌓았다 하더라도 오랜 시간 업무해온 경영 컨설턴트와는 소위 격이 달랐다. 국내외 굴지의 대기업을 대상으로 컨설팅하는 데에는 그만한 이유가 있었던 것이다.

다행스럽게도 당시 내 눈에는 부족했던 나머지 20점이 보였다. 컨설턴트들이 사용하던 분석 방법, 프레젠테이션의 흐름, 그리고 슬라이드를 구성하는 방법 하나하나에 그들의 오랜 노하우와 그간의 노력이 녹아 있었다. 내가 그동안 자랑스럽게 생각하며 쌓아왔던 실력이라는 게 결국 대학생 수준이었다는 것을 깨달았지만 이제 와서라도 컨설턴트들이 일하는 모습을 어깨 너머에서나마 직접 볼 수 있다는 것만으로도 기쁜 일이었다.

경영 컨설턴트와 함께 일해 보는 것은 지독한 실패의 한가운데에서 방황하던 스무 살의 어느 날부터 오래도록 염원해 마지않던 순간이었다. 나는 그 소중한 장면 하나하나들을 최대한 내 기억 속에 꾹꾹 눌러 담아 나만의 마음속 기준으로 삼았다. 앞으로 내가 만들 그 어떤 결과물도 부족하나마 이 정도 수준을 목표로 삼아야 한다고 생각하면서 마음을 다잡았다.

보스턴컨설팅그룹에서의 인턴십이 끝난 직후 모 멀티플렉스 영화관과의 산학연이었던 '무인화, 자동화, Paperless' 프로젝트에 참여했다. 인턴십을 하면서 배운 것들을 적용해보기에 이보다 좋은 기회는 없었다. 이 프로젝트의 최종 결과물이 인턴십을 하는 동안 발견했던 20점의 차이를 줄일 수 있는 실전 경험이 되길 바랐다.

학회 생활을 마무리하기 전 이 프로젝트에서 꼭 스스로 납득할 수 있는 하나의 마스터피스masterpiece를 남기고 싶었는데, 바로 그 스스로 납득할 수 있는 수준이라는 것이 내가 목격했던 컨설턴트의 결과물과 유사한 수준을 의미했다. 마음속에 그런 기준점이 확실히 잡혀 있으니 동기부여가 확실히 되었다.

기억 속에 고이 담겨 있던 인턴십 때의 장면들을 하나씩 꺼내어 산학연 프로젝트에 접근하는 방법이 제대로 되었는지, 무언가 중요한 부분을 빠트린 것은 없는지, 결과를 전달하는 커뮤니케이션 방법이 미숙한지를 계속 비교하면서 체크했다. 조금이라도 마음 속 기준에 미치지 못하면 그 정도 수준이 될 때까지 계속해서 파고들었다.

언젠가 같이 일했던 컨설턴트 중 한 분이 훗날 이 프로젝트를 살펴본다 해도 한 치의 부끄러움이 없게끔 만들고 싶다는 개인적인 욕심이었다. 오래전부터 꿈꿔왔던 곳에서 일하고 있는 그들에게 내가 그동안 이만큼 성장했노라 보여주고 싶은 그런 마음이었다. 물론 덕분에 나와 같이 프로젝트에 참여한 학회 친구들은 덩달아 힘겨워했지만 결과적으로는 모두 다 함께 성장할 수 있었던 좋은 기회였다. 결과물을 받아든 회사의 CEO분이 매우 흡족해 할 만큼 프로젝트의 결과마저 좋았으니 더할 나위 없이 좋은 경험이 아닐 수 없었다.

세계적인 광고 대행사 오길비Ogilvy의 창립자 데이비드 오길비David Ogilvy는 "우리가 우리보다 작은 직원만을 뽑으면 점점 난쟁이의 회사가 될 것이고, 우리보다 큰 직원들을 뽑으면 거인의 회사가 될 것이다"라고 했다. 앞서 소개한 구글의 채용 철학과도 일맥상통하는 말인데, 나는 이 말이 회사뿐만 아니라 개인의 발전에도 똑같이 적용된다고 믿는다. 내가 가진 것보다 더 나은 생각들이 있는 곳으로

찾아가 겸허한 마음으로 부족한 20점을 발견해내고, 그래서 그 차이
를 줄이려고 애쓸 때 비로소 진정한 의미의 성장을 할 수 있는 것이
아닐까.

"한 번도 실수를 해보지 않은 사람은 한 번도 새로운 것을 시도한 적이 없는 사람이다."

— 앨버트 아인슈타인 Albert Einstein

악마는
디테일에 숨어 있다

작지만 강한 디테일의 힘

2012년 2월. 보스턴컨설팅그룹에서의 겨울방학 인턴십을 끝으로 나의 지독한 실패에서 탈출하기 위해 계획했던 모든 일이 끝났다. 군대에서 휴가 때 사온 프랭클린 다이어리 위에 온갖 설렘을 담아 계획을 세운지 채 3년이 되지 않아 이루어진 일이었다. 미국에서 프랫 활동을 하느라 학사경고를 받은 탓에 한 학기를 더 다녀야 했던 것만 빼면 계획했던 모든 일이 아름다운 마무리를 향해 흘러가고 있었다.

그 기분이 너무 좋아서 마지막 인턴십 출근을 마치고 집으로 향하는 길에 광화문 회사 근처 서점에 들러 나를 위한 작은 선물을 사기도 했다. '나는 안 될 거야'라는 패배의식에서 벗어나 '나도 할 수 있다'라는 자신감이 가득해져 스스로가 대견했다.

요리에 빗대어 설명하자면 이제 모든 재료 손질이 끝난 것이다. 경영학회, 영어 실력, 공모전 그리고 세 번의 인턴십 경험까지. 내가 가진 능력 안에서 준비할 수 있는 최상의 재료들을 끝끝내 모두 다 구해와 잘 손질해둔 상태였다. 그리고 이제는 이 재료들을 바탕으로 나만의 요리를 표현할 차례였다.

내가 이 재료들에 어떠한 양념을 가미하고, 어떠한 그릇 위에 예쁘게 담아내는지에 따라 내가 전달하고자 하는 요리의 가치가 결정될 것이었다. 같은 재료라도 마지막 순간까지 최대한 맛있는 양념을 더하고 최고로 예쁜 그릇에 담아내야 제대로 된 요리가 완성될 터였다.

취업 준비생에겐 양념과 그릇이 바로 이력서와 이메일이다. 내가 가진 다양한 재료의 경험들을 잘 표현하기 위해서는 마치 양념처럼 재료들을 잘 버무려서 맛있는 이력서를 만들어야 했고, 이 이력서를 이메일이라는 그릇에 예쁘게 담아내어 나만의 요리를 전달해야만 한다. 그렇기 때문에 이력서와 이메일은 나의 가치를 전달하는 매우 중요한 수단이다.

특히 내가 지원하는 회사는 전부 외국계 기업이었기 때문에 이 회사들의 양식에 맞는 영문 이력서와 잘 정돈된 영문 이메일을 작성해야 한다는 부가적인 미션도 있었다. 심지어 커버 레터Cover Letter와 특정 주제에 대한 영문 에세이를 요구하는 곳도 있었다. 예를 들면, '당신의 궁극적인 커리어 목표는 무엇이고, 그 목표를 달성하는 데에 어떻게 우리 회사가 도움이 되는가'와 같은 주제들이었다.

나 역시 그동안 고생해서 쌓아온 지난 경험들을 효과적으로 잘 전달할 수 있도록 잘 작성한 이력서가 필요했는데, 솔직히 처음에는 어디서부터 시작해야 할지 전혀 감을 잡을 수가 없었다. 그래서 처음에는 인터넷을 뒤져 영문 이력서와 이메일을 어떻게 작성하는 것인지 찾아보고 최대한 비슷하게 따라 써보려고 노력하는가 하면, 학교의 학생지원센터에 찾아가 외국인에게 직접 첨삭을 받아보기도 했다.

그마저도 부족한 것 같아 보일 때면 이미 외국계 회사에 취업한 학회 선배들을 찾아가 추가적인 피드백을 받기도 했다. 이력서에 적힌 내용들을 선배가 하나씩 질문하고 내가 답변하는 방식의 모의 면접을 진행하면서 막히는 부분이 있거나 분명하지 않은 부분이 있으면 수정해 나갔다.

내 인생의 주인공

예를 들어 그루폰코리아에서 쿠폰의 일 판매량의 최대점을 찾아낼 수 있는 방법을 고민하는 프로젝트에 참가했었다, 라고 쓴다면 '왜 그 프로젝트가 그루폰코리아에서 중요한 일이었는지', '어떻게 그 문제에 처음 접근했는지', '왜 그런 접근 방법을 취했는지', '그래서 그 방법이 어떻게 실제로 실행되었는지', '왜 그 방법이 성공이라 판단하는지' 등 정말 무한히 '왜'와 '어떻게'를 물어보고 대답하는 방식이었다. 이렇게까지 상세하게 자꾸 물어보면 어느 순간 대답이 막히게 되는데 그러면 다시 고민해보고 그 대답에 맞게끔 이력서를 수정해야 하는지 살펴보는 작업을 반복하였다. 그렇게 해서 수정한 이력서가 종류별로 수십 가지가 있을 정도였다.

　　하지만 이 정도로 세심하게 신경 써서 만든 이력서도 나에게는 완벽하게 느껴지지 않았다. 뭐라 콕 집어 말할 수는 없지만 무언가 놓치고 있는 마지막 디테일이 어딘가에 숨어 있을 것만 같은 느낌이었다. 그런 찝찝한 마음을 가지고 있던 중 정말 우연찮게 학회의 어느 세미나에서 그 숨겨진 마지막 디테일을 발견하였다.

　　세미나가 있던 어느 토요일 아침, 어느 팀이 한 주 동안 열심히 준비한 프레젠테이션을 화면에 띄우고 발표를 준비하고 있었는데 발표 자료를 보니 뭔가 미묘하게 좌우 대칭이 맞지 않고 모양새가 삐뚤빼뚤한 게 보였다. 심지어 어떤 글자는 네모난 글자 박스 바깥까지 튀어나와 발표를 집중해서 보기에 거슬릴 정도였다.

학회 세미나에서 발표 자료의 디자인 균형을 맞추는 일은 신입 학회원 때부터 강조되던, 무엇보다 기본 중의 기본이었다. 그렇지 않으면 선배 학회원들에게 지적당하기 일쑤이기 때문에 모두들 항상 조심하는 부분이었다. 그런데 그런 삐뚤삐뚤한 모양새가 한 페이지도 아니고 여러 페이지에 걸쳐 계속 나타나는 게 아닌가.

발표를 준비하는 그 팀원들도 도대체 왜 그런 현상이 일어나는지 알지 못해 당황스러워했다. 나중에 알고 봤더니 그건 마지막에 그 팀이 슬라이드를 수정하는 데 사용했던 컴퓨터 문제였다. 마지막 디자인 균형을 맞추는 작업을 맥북 컴퓨터를 이용해서 진행한 다음 저장한 것이 문제였다. 강의실 컴퓨터는 윈도우 컴퓨터였기 때문에 맥북에서 작업한 디자인과 100퍼센트 정확하게 호환이 되지 않는 문제가 발생했던 것이다.

'악마는 디테일에 숨어 있다The devil is in the detail.'

아주 디테일한 작은 실수 하나가 하고자 하는 일을 그르칠 수 있다는 서양 속담인데, 딱 이런 상황을 두고 일컫는 말이었다. 이 작은 실수 하나가 일주일간 밤새워 고생한 팀의 프레젠테이션 첫 인

내 인생의 주인공

상에 큰 흠결을 남겨버리고 만 것이다. 두 운영 체제 사이에 디자인 호환이 잘되지 않는다는 사실을 누군가가 먼저 알았더라면, 혹은 윈도우 컴퓨터에서 디자인이 제대로 나오는지 발표하기 전에 한 번만 확인해봤더라면 충분히 찾아낼 수 있는 실수였다. 학회 세미나였기에 망정이지 실제 회사 업무에서 중요한 클라이언트를 상대로 이런 실수를 저질렀다면 등에 식은땀이 나는 상황이 생길지도 모르는 일이었다.

이 실수를 내 눈으로 직접 확인하고서야 어쩌면 내 이력서에도 이런 문제가 있을지 모른다는 불안감에 휩싸였다. 그래서 세미나가 끝나자마자 당장 학교 앞 인쇄소로 달려가 내 이력서를 종이에다 직접 프린트해서 살펴보았다. 모르긴 몰라도 인사담당자는 모든 지원자들의 이력서를 인쇄해 한 장씩 비교하며 살펴볼 것 같았기 때문이다.

그런데 아니나 다를까. 실제로 프린트해서 본 이력서는 노트북 화면으로 보는 것과는 확연히 달랐다. 지면 위아래 여백도 균등하지 않았을 뿐더러 글자 사이 간격도 뭔가 답답해 보였고, 각 줄의 들여쓰기도 미세하게나마 서로 달랐다. 인사담당자가 볼 나의 첫인상은 불합격이었던 것이다. 정성들여 준비해둔 재료들을 전부 망쳐버릴지도 모르는 요리사의 결정적인 실수였다.

나는 이력서의 디테일한 디자인을 위해 다시 한 번 심혈을 기울였다. 중요 단락별로 글자 크기를 0.5 단위로 다르게 해보기도 하고, 문장별 줄 간격도 미세하게 조금씩 조절하면서 이 모든 것들이 이력서 한 장의 전체 그림에 잘 어울리는지를 살피고 또 살폈다. 그렇게 수정하고 인쇄하기를 몇 번 정도 반복했을까, 그제야 어느 정도 만족스러운 형태를 잡을 수 있었다.

하지만 마지막 남은 부분이었던 각 줄의 들여쓰기는 아무리 맞추려 해도 쉽게 맞춰지지 않았다. 각 행마다 다르게 사용한 특수부호라든가 앞서 단락별로 다르게 조절한 글자 크기와 줄 간격 때문에 들여쓰기의 시작점이 줄마다 흐트러져버린 것이다. 더 좋은 방법이 없을까 하고 또다시 깊은 고민에 빠졌다. 그까짓 작은 부분, 누군가 알아채지 못할 수도 있지만 3년 가까이 고생해서 모아둔 재료들에 작은 오점 하나도 남기고 싶지 않았다. 내가 알아채지 못했다면 모를까 알면서도 그냥 넘어가는 건 도무지 용납할 수가 없었다.

고민하던 끝에 아예 새롭게 처음부터 다시 만들기로 했다. 그동안 고생한 것이 아까웠지만 큰마음먹고 다시 한 번 빈 화면을 붙잡고 늘어졌다. 대신 이번에는 아이디어를 하나 내어 이력서 전체를 투명한 도표로 만들기 시작했다. 도표는 틀이 잡혀 있기 때문에 공백을

내 인생의 주인공

뒤야 하는 부분들을 전부 도표의 칸으로 구분하면 들여쓰기 걱정을 하지 않아도 되기 때문이다.

예를 들어 이력서의 한 줄에 '기간, 경험 서술, 지역명'을 모두 써야 한다고 하면 각각의 내용사이에 공백까지 포함해 도표의 여러 개 칸으로 구분하는 식이었다. 이렇게 만들어서 각각의 칸들을 왼쪽 정렬이나 오른쪽 정렬로 필요에 따라 몰아버리면 정말 칼같이 모든 들여쓰기가 맞아 들어갔다. 그렇게 만든 후 표의 선들을 전부 투명하게 처리하면 겉보기에는 전혀 도표처럼 보이지 않지만 전체적으로 완벽하게 균형 잡힌 한 장의 이력서를 만들어낼 수 있었다.

새로운 방식으로 만든 이력서는 확실히 이전 것보다 보기 좋았다. 각각을 따로 보면 차이가 두드러지지 않았지만 두 가지를 모두 지면 위에 인쇄해두고 비교하면 그 차이가 눈에 선명했다. 작지만 강한 디테일의 힘이었던 것이다. 이 작은 차이가 단 1퍼센트만이라도 나를 더 돋보이게 해줄 수 있다면 몇 번이고 이런 수고를 마다하지 않을 만큼 내게는 이력서 한 장이 큰 의미였다. 지난 3년간 해온 피땀 어린 노력의 결정체였기 때문이다. 다행히도 그런 디테일한 노력 끝에 만들어진 새로운 이력서가 나의 구글 입사에 당당히 쓰였음은 말할 것도 없었다.

그냥 형식이 다를 뿐

이런 디테일의 힘은 이력서를 전달해내는 그릇인 이메일에도 매우 중요한 부분이다. 한국의 대기업은 대부분 인터넷 사이트를 통해 채용을 진행하기 때문에 채용담당자와 지원자가 직접 이메일로 이야기할 일이 없지만 외국계는 달랐다. 이력서도 이메일에 첨부해 지원자가 직접 채용담당자에게 전달하는 경우가 많았다. 그렇기 때문에 이메일 역시 나의 첫인상을 결정짓는 중요한 부분이었다.

나는 두 개의 다른 이메일 계정을 사용해 한 쪽에서 다른 쪽으로 이메일을 직접 보내 보았다. 이메일을 받는 사람의 입장에서 내 이메일이 어떻게 보이는지 궁금했기 때문이다. 그리고 그동안 인턴십 지원을 하느라 받았던 인사담당자의 이메일 및 학회로 활동하면서 학회원들로 부터 받은 이메일들을 다시 찾아 열어보았다.

이메일 내용뿐만이 아니라 이메일을 구성하는 작은 요소들도 하나하나 눈여겨 살펴보았는데, 이렇게 여러 번에 걸쳐 비교해보았더니 몇 가지 작지만 놓쳐서는 안 되는 '악마의 디테일'이 비로소 보이기 시작했다. 이메일 내용보다 이 작은 디테일 때문에 좋지 않은 인상을 받는 경우들이 더러 발견되었고 회사에 이메일을 보낼 때 이런 부분을 조심해야겠다고 생각했다.

첫 번째 디테일은 이메일 주소였다. 가끔 어릴 때부터 써오던 이메일 주소를 그대로 사용하는 경우가 있어서 웃기거나 유치한 아이디를 이메일 주소로 사용하는 경우가 종종 보였다. 하지만 채용담당자에게 그런 유치한 아이디로 이메일을 보내는 건 자칫 프로페셔널하지 못한 것으로 보일 수 있기 때문에 조심해야 했다.

실제로 채용담당자 대부분은 이메일 주소만으로도 누구인지 떠올릴 수 있도록 본인의 이름이나 이니셜을 사용하고 있었다. 이렇게 이름을 사용한 이메일 주소를 이용하면 나중에 회신해야 할 때도 채용담당자가 이름과 연관 지어 이메일 주소를 쉽게 떠올릴 뿐만 아니라 매번 이메일을 보낼 때마다 이름을 한 번이라도 더 떠올릴 수 있을지도 모르는 일이었다.

두 번째 디테일은 이메일의 계정 이름이었다. 이메일 주소와 함께 계정 이름도 첫인상을 많이 좌지우지했는데, 본인의 실명으로 정확하게 계정 이름을 설정하는 것이 중요하다. 가끔 계정이름을 제대로 설정하지 않아 로그인 아이디로 이름이 대체되는 경우가 있는데 그런 경우 이메일을 열기 전 이게 누구인지 알 수가 없다. 만약 이메일 하단에 서명마저 없다면 영영 누가 보낸 것인지 모르게 된다.

특히 성last name과 이름first name의 위치가 뒤바뀌지 않도록 주의를 기울여야 한다. 외국 업체의 이메일 서비스를 쓰는 경우 이 위치가 한국과는 반대이기 때문에 종종 성과 이름이 뒤바뀌어 우스꽝스런 이름이 되는 경우가 있기 때문이다.

마지막으로 이메일 맨 아래에 달아두는 서명을 신경 써야 한다. 서명란에 꼭 본인 이름과 소속, 그리고 연락처 정도는 필수적으로 달아두는 것이 좋다. 모르는 사람으로부터 처음 이메일을 받으면 으레 이 사람이 누구인지 살피기 위해 습관적으로 서명란을 찾아보게 되는데 그때 적절한 서명이 없으면 보낸 이에 대한 신뢰도가 많이 떨어지고 만다. 반대로 단정하고 알아보기 쉽게 잘 만든 서명은 보낸 이에 대한 호감도를 올려주는 효과가 있다.

물론 이런 작은 디테일이 너무 과하다고 느껴질지도 모른다. '에이, 설마 이런 것까지 신경 쓰겠어?' 혹은 '외국계 회사니까 너무 형식에 얽매이지 않아도 되겠지?'라고 생각할 수도 있다. 하지만 만에 하나라도 지원한 회사의 채용담당자가 이런 것들을 유심히 살펴보는 사람인 경우를 생각하면 이런 디테일이 결코 간과할 수만은 없는 부분이다. 특히 그 회사가 정말 입사하고 싶은 회사라면 더더욱 만전에 만전을 기해야 한다. 모두가 그런 것은 아닐지라도 어느 누군가는 이런 점을 유심히 살펴보고 있을지도 모르기 때문이다.

그리고 외국계 회사니까 형식을 별로 따지지 않을 것이다, 라는 섣부른 가설도 다시 한 번 생각해볼 필요가 있다. 실제로 미국에서 프랫 활동을 했을 때나 구글에 입사해서 일할 때도 이메일 커뮤니케이션의 중요성에 대해 많은 이야기를 들었는데, 그런 경험상 외국계 회사라서 이메일을 더 자유롭게 쓸 수 있는 것은 아님이 분명했다.

실제로 내가 쓴 이메일을 직접 같이 확인해보고 처음 인사말을 건네는 방법까지도 세심하게 조언 받았을 정도였으니 한국과 형식이 다른 것일 뿐 아예 형식이 없는 것은 아니었다. 특히 비즈니스 관련 이메일이라면 더욱 그랬다.

영문 이력서 잘 쓰는 꿀팁

일반적으로 영문 이력서는 '자유 형식'이라고들 한다. 회사의 채용 안내 문구에도 '자유 형식의 영문 이력서 1매'라고 표기되어 있는 경우가 많다. 하지만 그렇다고 해도 업계 내에서 암묵적으로 정해진 개괄적인 형식이 아예 없다고 할 수는 없다. 예를 들어 이력서는 웬만큼 특출 난 경험이 있는 것이 아닌 이상 무조건 한 장이어야 하며, 한글 이력서와는 다르게 사진이나 가족관계 같은 사적인 내용은 넣지 않는다.

어떤 항목을 넣고 빼야 할지가 헷갈린다면 그 내용이 내가 지원하는 회사와 포지션에서 앞으로 일을 잘할 것인가를 가늠케 해주는지를 생각해보면 판단하기 쉽다. 사진 속 내 모습이나 가족관계는 회사에서 성과를 내는 것과 전혀 무관한 내용이므로 넣지 않는 것이 좋다.

자유 형식이라는 점을 잘 활용해 이력서를 구성하면 장점을 최대한 강조하면서 동시에 약점은 상대적으로 덜 드러나게 만들 수 있다. 예를 들어 대학 생활 때 다양한 교외 활동을 많이 한 덕분에 리더십 경험은 많지만 학점이 조금 부족하다면, 교외 활동 관련 내용을 이력서 상단에 많은 분량으로 작성하고 학점은 하단에 쓰거나 아니면 아예 생략해버릴 수도 있다. 혹시나 해당 부분에 대한 질문이 나올 것에 대비해 면접 때 잘 설명할 수 있도록 준비하기만 하면 된다.

한 장의 이력서에는 지원자의 가치관과 그에 부합하는 지난 몇 년간의 스토리가 잘 연관되어 드러나야 한다. 이 역시 자유 형식이기 때문에 스스로 유연하게 조절할 수 있는데, 내가 했던 모든 활동을 의미 없이 전부 나열하는 것이 아니라 궁극적으로 무엇을 하고 싶고 그래서 이 회사에 왜 지원하는지에 대한 스토리를 살려줄 수 있는 지난 경험만 취사선택하여 풀어내는 것이 좋다.

예를 들어 한 선배의 경우 훗날 요식업을 하는 것이 목표였는데, 경영 컨설팅 회사에 지원하면서 모 햄버거 가게에서 일했던 경험을 이력서에 비중 있게 다루었다. 그리고는 면접에서 왜 이 햄버거 가게의 경험이 본인에게 중요했는지, 또 지원하는 컨설팅 회사가 추후 요식업에 어떻게 도움이 될 것인지를 잘 연관 지어 설명하였고 결국 합격을 거머쥐었다.

그렇다고 항상 이런 경우처럼 궁극적인 목표가 분명히 서 있어야만 하는 것은 아니다. 아직 진짜 하고 싶은 일을 찾지 못한 탓에 다방면의 여러 회사에 동시 지원해야 하는 경우라도 지원하는 각각의 회사나 직무와 연관 지어 내용을 '자유롭게' 변형하는 것이 좋다. 똑같은 이력서를 마치 만능키처럼 각양각색의 회사 및 직군에다가 제출해버리면 지원자의 경험이 다른 지원자들을 압도할 만큼 대단히 특출 나지 않는 이상 밋밋해 보이기 십상이기 때문이다. 채용담당자는 상상 이상으로 이런 부분을 매섭게 파악해낸다.

마지막으로 이력서를 작성할 때 저지르는 가장 큰 실수는 본인이 직접 한 일과 본인이 속해 있던 조직이 한 일을 구분하지 못하는 경우이다. 가끔 지원자들의 인턴십 경험과 관련된 이력서를 살펴보다 보면 인턴이 할 수 없는 일들을 기입하는 경우가 많다. 예를 들어 본인이 해외 진출 전략을 짰다거나 특정 상품을 개발했다는 내용들인데, 스타트업 같은 작은 회사가 아닌 이상 인턴이 이 정도 일을 도맡아 하기란 쉽지 않다. 그래서 면접을 볼 때 이 부분들이 주된 공격 대상이 될 가능성이 크다. 그러므로 이렇게 큰 조직이 했던 일을 쓰는 것보다 본인이 '인턴'으로서 진짜 담당했던 일을 쓰는 것이 좋다.

본인이 직접 한 일이 조직 전체가 진행했던 일 중 어떤 역할이었으며 왜 중요한 일이었는지, 어떠한 프로세스로 진행했고 결과가 어떠했는지결과를 숫자로 증명할 수 있으면 더욱 좋다, 일하면서 힘든 점은 무엇이었고 어떻게 성공적으로 극복했는지, 그리고 그 일로부터 무엇을 배웠는지 등을 이력서의 전반적인 콘셉트에 맞추어 쓰는 것이 좋다.

영문 이메일 잘 쓰는 꿀팁

당신은 언어를 막론하고 이메일을 처음 받았을 때 제일 먼저 무엇을 확인하는가? 흔히 제목이나 첫 문단 혹은 마지막 문단이라고 대답하지만 내 생각은 조금 다르다. 일 잘하는 직원은 보통 이메일의 '받는이To', '참조CC', 그리고 '숨은참조BCC'에 누가 포함되어 있는지를 먼저 확인한다. 왜냐하면 각자의 이름이 어디에 들어 있는지에 따라 보낸 사람의 의도를 파악해서 그 다음 취해야 할 행동을 가늠하기 때문이다. 그렇기 때문에 이메일을 보낼 때도 이 셋을 잘 구분해서 보내는 것이 좋은 이메일 사용법의 첫 걸음이다.

먼저 '받는이'는 받은 이메일에 쓰인 내용에 대해 직접적인 행동이나 회신을 해야 할 책임을 갖는다. 외국계 회사에서는 이렇듯 해야할 일을 'Action ItemAI'이라고 부르는데, 내 이름이 '받는이'에 들어가 있으면 그 이메일 내용에 대한 AI가 생기는 것이고 여기에 책임감을 가져야 할 필요가 있다. 그렇기 때문에 항상 이런 이메일을 가장 중요하게 다루고 꼼꼼히 읽어야 한다. '참조'의 경우, 이런 AI가 직접적으로 있지는 않지만, 내용을 알아두면 좋은 경우에 쓰인다. 이메일 내용을 읽고 이해한 후 그냥 넘겨도 되고 자연스럽게 대화에 참여할 수도 있다.

'숨은참조'에는 독특한 특징 두 가지가 있다. 첫째, '받는이'와 '참조'에 들어 있는 수신자들이 누가 '숨은참조'로 이 이메일을 받았는지 알지 못한다는 점이다. 게다가 숨은참조에 들어 있는 사람들끼리도 서로 누가 이메일을 받았는지 알지 못한다. 이런 독특한 특성 때문에 회사에서는 보통 민감한 내용의 이메일을 보내야 할 때 숨은참조를 사용한다. 예를 들어 '보낸이' A가 '받는이' B에게 이메일을 보낼 때 내용을 숨은참조 C에게는 알리고 싶지만 B에게는 C도 그 내용을 알고 있다는 사실을 숨기고 싶은 경우에 사용된다. 또한 여러 명에게 동시에 이메일을 보내고 싶지만 이메일을 받는 사람들이 서로 누가 받았는지 모르게 하고 싶은 경우에도 사용한다. 둘째, 숨은참조로 이메일을 받으면 이후 보낸이와 받는이 사이에 오가는 대화가 더 이상 오지 않는다. 그래서 최초 1회에 한해서만 이메일 내용을 전달하고 이후 벌어지는 대화들은 굳이 알 필요가 없는 사람을 숨은참조에 넣어 사용한다.

영어에는 높임말이 없긴 하지만 비즈니스 이메일에서 흔히 사용하는 몇 가지 공손한 표현법 정도는 알아두는 편이 좋다. 예를 들어 인사말도 'Hi'보다 'Good morning/afternoon/evening'을 쓰는 것이 좀 더 공손한 느낌이며, 곧바로 이름을 사용하는 것보다 'Mr./Mrs.' 표현을 쓰는 편이 좀 더 정중하게 들린다. 'don't'나 'You'll' 같은 축약형 대신 'do not', 'You will'같이 풀어서 쓰는 것 또한 좀 더 격식을 갖춘 듯한 어감을 주니 잘 활용하는 것이 좋다. 그리고 동서고금을 막론하고 'How are you doing today?'나 'I hope you are doing well' 같은 기본적인 안부인사는 누구나 좋아한다.

마지막으로 이메일은 최대한 간결하고 분명하게 쓰는 것이 좋다. 약속시간이라든가 꼭 해야 하는 일 등 중요한 부분은 굵은 글씨로 쓰거나 다른 색의 글씨로 강조해 보기 편하게 배려해주고, 이메일 서두에 발송 목적이 분명하게 드러날 수 있도록 써야 한다. 한국은 끝까지 들어봐야 무슨 말인지 알 수 있는 미괄식을 주로 사용하는 반면,

영어권 국가는 처음부터 주 문장이 나오는 두괄식을 대체로 사용하기 때문이다.

만약 이메일이 다섯 문단 이상이 될 정도로 전달해야 하는 내용이 많다면 이메일보다 차라리 미팅을 하는 것이 효과적이다. 하지만 부득이하게 굉장히 긴 이메일을 써야 하는 경우라면 'tl; dr too long; didn't read'을 활용해 문서 상단에 이메일을 요약해주면 센스 있고 배려가 녹아 있는 이메일이 될 수 있다.

"열정 없이 사느니 차라리 죽는 게 낫다."

— 커트 코베인

나의
인턴 답사기

열정도 패기도 없는 지원자

갈수록 취업이 힘들어지고 있다는 이야기가 심심찮게 들려왔다. 학교 온라인 커뮤니티에는 취업의 어려움을 성토하는 글들과 그에 공감하고 위로하는 글이 하루에도 수십, 수백 개씩 올라왔다. 자괴감, 절망, 그리고 분노의 감정들이 빼곡하게 감싸고 있었다. 단군 이래 최고 스펙을 가졌다고 평가받는 세대임에도, 처음으로 부모 세대보다 못사는 세대가 될 것이라는 불안감이 모두를 짓눌렀다. 내가 몸

내 인생의 주인공

담고 있던 학회도, 내가 앉아있던 도서관 열람실에도 그런 감정들이 미묘하게 뒤섞여 늘 긴장감이 팽팽하게 흘렀다. 4학년이 되자 어느새 우리의 대화는 '기-승-전-취업'으로 귀결되었다.

그런 긴장감의 시작은 늘 방학을 앞두고 시작되는 인턴 모집 공고부터였다. 유명 회사의 인턴십에 참여하면 좋은 회사에 취직할 수 있는 강력한 한 방이 되었기 때문에 인턴십은 취업이라는 본 게임에 앞서 갖는 전초전 성격이 짙었다. 그 때문에 나는 총 세 번의 인턴십을 하려고 마음먹었고 매번 방학 때마다 조금이라도 더 내게 필요한 인턴십을 얻기 위해 애쓰고 있었다. 인턴십을 통해 이력서를 더 풍부하게 만드는 것은 물론이거니와 다양한 회사와 직무의 인턴십을 하면서 내가 진짜로 하고 싶은 일이 무엇인지를 조금 더 명확하게 파악하고 싶었다.

4학년 2학기가 마무리 될 즈음, 그러니까 2011년 12월 드디어 마지막 인턴십에 도전했다. 교환학생 프로그램 때 받은 학사경고 때문에 다음 학기도 다녀야 했던 나는 4학년 2학기라 해도 결코 쉽지 않은 학기를 보내고 있었다. 왜 인턴십 모집은 항상 기말고사 기간에 하는 것인지, 마치 전쟁처럼 시험공부와 회사 면접을 동시에 병행하고 있었다. 꼭 참가해보고 싶던 외국계 경영전략 컨설팅회사를 포함해 여러 외국계 회사에 지원했고, 국내 대기업 중에는 모 전자회사

마케팅팀에만 지원하였다.

우선순위에 둔 외국계 회사와 일정이 겹치지 않은 탓도 있었지만 적어도 한 번쯤은 대기업이 어떠한지 직접 경험해 보고 싶었다. 나에게 대기업이라 하면 외삼촌과 고깃집 사장님에 대한 기억밖에 없었는데 이번 기회에 내가 직접 경험해보고 판단하고 싶었다.

대기업의 면접 날짜는 공교롭게도 정확히 기말고사 한가운데로 잡혔다. 아침에 시험이 하나 있었고 저녁에 또 다른 시험이 하나 더 있었는데, 면접시간은 기가 막히게 그 사이 점심시간 언저리였다. 학교에서 어떻게든 택시를 타고 왔다 갔다 하면 일정을 다 맞출 수 있을 것 같았다. 조금이라도 더 시험공부를 해야 해서 갈까말까를 수없이 고민했지만 이번에 직접 경험해보지 않으면 후회할 수도 있을 것 같다는 생각에 두 눈 질끈 감고 면접장으로 향하는 택시에 올랐다. 이미 여러 번의 면접을 봐서 레퍼토리는 익숙해진 상태였기 때문에 따로 면접 준비를 하지는 않았다. 가서 그동안 해왔던 대로 차분히 나의 이야기를 잘 전달하면 될 터였다.

회사에 도착해 오랜 기다림 끝에 면접장 문이 열리고 드디어 결전의 장소에 들어섰다. 네 명의 면접관 그리고 네 명의 인턴십 지원자. 가장 먼저 입장한 나는 가로로 길게 배치되어 있는 자리의 가장 안쪽에 들어서서 씩씩하게 인사하고 자리에 앉았다. 여기까지는 지

내 인생의 주인공

금까지 해왔던 다른 면접과 크게 다르지 않았다. 하지만 자리에 앉자마자 나는 귀를 의심케 하는 말을 듣고 말았다.

"거기 먼저 들어온 지원자 분. 다 같이 다시 일어서서 '차렷-경례'로 인사 한번 하고 앉읍시다."

면접관들 중 가장 어려 보이는 분이 나더러 이렇게 말하는 것이 아닌가. 이곳이 군대도 아니고 나름 트렌드가 중요하다고 생각되는 전자회사의 마케팅팀에서 이게 무슨 경우인가 싶었다. 외국계 회사들의 면접에서는 단 한 번도 경험해보지 못한 신선한 충격이었다. 솔직히 면접이 시작하기도 전에 마음이 상했다. 곧이어 자기소개 시간. 담담한 나의 자기소개에는 무덤덤하던 면접관들의 표정에 이내 흡족스런 미소가 번졌다.

"저는 복숭아 같은 사람입니다. 겉은 무를지 몰라도 속은 단단합니다."

이런 뻔한 말로 시작하는 옆자리 어떤 지원자분의 자기소개. 한 옥타브 높고 명랑한 목소리를 내는 그분의 아나운서 같은 미소와 그

누군가는
나를 말렸어야
했다

걸 바라보는 면접관의 표정이 내 눈 앞에서 서로 교차했다. 그 장면을 번갈아 보던 바로 그 순간 나는 직감했다. PR 광고를 하면서까지 찾는다던 '젊은 열정과 패기'가 바로 이런 모습이었구나.

면접관들의 눈에 나는 열정도 패기도 없는 지원자였을 것이다. 큰 목소리로 열 맞춰 인사도 하지 않았으며 자기소개마저 무미건조하고 재미없게 하는 내가 옆에 앉아 있는 지원자와 대비되어 얼마나 무기력한 사람으로 보였을까. 나는 이렇게 면접이 시작됨과 동시에 탈락을 예감했다. 기말고사를 앞두고 여기에서 무엇을 하고 있는지 화가 치밀어 올라 남아 있는 시간마저 견디기 힘들었다. 내 인생 처음이었던 국내 대기업 면접은 이렇게 허망하게 끝이 났다.

그렇게 그 면접이 처음이자 마지막이었다. 두 번 다시 국내 대기업에 원서를 쓰지 않았다. 심지어 반 년 후 구글 입사가 확정될 때까지 대기업 지원의 필수라 할 수 있는 토익 점수조차 따놓지 않았다. 주변 친구들이 너무 위험한 선택 아니냐며, 보험으로라도 준비해두는 게 어떠냐고 권했지만 차마 그럴 수 없었다. 그동안 간절한 마음으로 쌓아온 가치들을 알아봐주지 못할 곳에 미래를 걸고 싶지 않았다. 그만큼 처음이자 마지막이었던 이 면접이 너무도 강렬하게 실망스러웠다. 언젠가 고깃집 사장님을 보며 마음이 서글퍼졌던 것만큼이나 똑같이 서글퍼지는 내 마음이었다.

내 인생의 주인공

내가 이렇게 다소 극단적인 결론으로 치달은 데에는 그간의 경험이 크게 작용했다. 이 면접 전에 진행했던 외국계 기업 면접과 비교해 너무도 실망스러웠기 때문이다. 보스턴컨설팅그룹 같은 전문 컨설팅 회사는 그렇다고 치더라도 외국계 IT 기업이라든가 화장품 회사 같은 일반적인 회사와도 확연하게 차이가 났다. 특히 면접이라는 짧은 시간 동안 회사마다의 차이점을 느꼈던 것은 각 회사가 얼마나 지원자들을 가치 있게 생각하며, 면접시간 내내 회사들 또한 지원자에 대한 진정성을 담아내는가 하는 부분이었다.

예를 들어 모 IT 외국계 기업의 경우 이 대기업과 똑같은 4 대 4 면접이었음에도 똑같은 질문을 모두에게 기계적으로 묻지 않았다. 그들 앞에는 엄청난 두께의 지원자 자기소개서와 이력서가 전부 프린트되어 있었는데, 곳곳에 칠해진 노란색 형광펜 표시와 미리 개개인의 스토리에 맞춰 준비한 질문들의 깊이에 질문을 받는 내가 감탄할 정도였다. 지원자의 대답을 끝까지 제대로 들으면서 이해하고 더불어 다시 던지는 추가 질문들도 매우 날카로워 만약 같이 일하게 된다면 많은 것을 배울 수 있겠다는 생각이 절로 들었다.

또 다른 외국계 컨설팅 기업의 경우 인턴십 선발 면접이었음에도 불구하고 파트너라 불리는 임원분과 1 대 1로 한 시간 가까이 이야기를 나눌 수 있었는데, 말할 때마다 뿜어져 나오는 업에 대한 깊은 견해와 지식이 너무 멋져서 롤 모델로 삼고 싶다고 생각할 정도였다. 회사 내에서 본인의 위치가 높은데도 인턴 지원자에게 너무나도 겸손하였고, 한 사람의 '어른'으로서 내가 인턴이 되었을 때 배울 수 있거나 배워야 할 부분들 혹은 컨설턴트라는 직업에 대해 자세히 설명해주고 코치해주기도 했다. 면접 자체가 배울 것이 많았고 기분 좋은 순간이었던 것이다.

반면 그 대기업 면접에서 면접관들 중 최연장자로 보이는 듯한 분이 보여준 모습은 대단히 실망스러웠다. 의자에 비스듬히 기대어 앉아 귀찮은 듯 툭툭 던지는 질문들이 상당히 불쾌하게 느껴졌다. 그나마 던진 질문도 앞서 다른 면접관이 했던 질문과 똑같은 것이어서 옆에 앉은 다른 면접관이 질문을 정정해주는 촌극마저 벌어졌다. 붉게 상기된 얼굴, 잠긴 목소리, 그리고 이따금씩 얼굴을 위아래로 쓸어내리는 모습까지 누가 봐도 어젯밤 과음을 한 흔적이었다.

그 모습을 고스란히 지켜보면서 쓴웃음을 지을 수밖에 없었다. 설령 이곳에서 일하게 된다 하더라도 과연 무엇을 배울 수 있을까 하는 궁금증이 일었다. 이 회사에서 인턴십을 했다는 80점짜리 사실보다 나에게 부족했던 나머지 20점을 찾는 것이 진짜 목적이 되어야 하는데, 미안하게도 이곳에서는 아무것도 배울 게 없어 보였다.

내 인생의 주인공

바로 그 순간의 선택

윤태호 작가의《미생》에 이런 대사가 있다.

"선택의 순간들을 모아두면 그게 삶이고 인생이 되는 거예요. 매 순간 어떤 선택을 하느냐. 그게 바로 삶의 질을 결정지어요."

인생의 첫 커리어를 시작하려는 나에게도 어김없이 이런 선택의 순간들이 왔다. 어쩌면 첫 직장을 선택하는 것은 12년 정규 교육 과정을 마치고 대학과 학과를 결정해야 했던 그때 이후 다시 찾아온 인생 최대의 순간이 될지도 모르는 일이었다. 첫 직장은 향후 30년, 아니 어쩌면 더 오랜 시간동안 가져가야 할 내 커리어의 시작점이자 수식어처럼 평생 나를 따라다닐 것이다. '매 순간의 선택이 바로 삶의 질을 결정짓는다'라는 대사만큼이나 무거운 선택의 순간이 아닐 수 없었다. 또다시 잘못된 선택으로 지독한 실패를 겪고 싶지 않았다.

개인적인 욕심이었지만 인터넷 대학생 커뮤니티에서 자주 보이던 '취업 전적 56전 3승 8무 45패' 같은 무의미한 숫자들보다 나에게 꼭 맞는 현명한 선택으로 '1전 1승'을 거머쥐는 이상적인 그림을 꿈꿨다. 누군가에게 선택 당하길 바라는 것이 아니라 내가 좋아하는 것을 직접 선택할 수 있는 그런 이상적인 그림말이다.

그런 현명한 선택을 하기 위해 그동안 내가 했던 경험을 세심하게 되돌아보고 진정으로 원하는 것이 무엇인지 스스로 마음의 소리를 듣는 것이 중요했다. 학교 수업을 들으면서 흥미 있던 과목이나 프로젝트를 떠올려 본다든가, 학회에서 다루었던 주제 중 가장 재미있던 것을 다시 살펴본다든가 하는 식으로 지난 경험을 하나씩 떠올려 보는 것이다.

그중에서도 특히나 인턴십은 사회생활의 첫걸음을 올바른 방향으로 디딜 수 있게 해주는 중요한 가늠자였다. 단순히 이력서에 한 줄을 채워 넣을 수 있어서 인턴십을 하는 것이 아니라, 실제 산업 전선에 서서 어떤 업종, 어느 업무를 좋아하는지, 그리고 어떠한 사람들과 무슨 분위기에서 일하는 것이 맞는지를 판단할 수 있는 좋은 기회가 되기 때문이다.

나는 모건스탠리에서 인턴십을 하고나서 금융권을 내 선택지에서 지워버렸는데, 정말 단순하게 말해 직접 해보니 재미가 없었기 때문이었다. 그 인턴십을 하면서 수많은 기술적 분석법을 배우고 실제 기업에 적용까지 해보았지만 일을 하면 할수록 나의 능력을 이용해 가치를 창출해낸다는 느낌보다 내 능력 밖에 존재하는 시장의 흐름을 뒤늦게 따라간다는 느낌이 강했다. 정해진 몇 가지 분석법을 여기저기 대입하는 작업을 하면서 이 일은 언젠가 컴퓨터가 나보다 더 잘

내 인생의 주인공

하겠다는 생각이 들자 급격히 흥미를 잃기 시작했고 결국 내 길이 아니구나 하는 생각에까지 이르렀다. 사람마다 소구하는 바가 다르기 때문에 혹자는 이 일이 재미있을지 몰라도 나의 성향과는 맞지 않았다.

이런 판단은 그동안의 경험상 인턴십을 실제로 하지 않더라도 면접을 진행하는 순간부터 자연스럽게 느낄 수 있다. 면접하기 전후 일어나는 인사팀과의 커뮤니케이션, 면접장에서 느껴지는 회사 분위기, 면접관들이 면접과 지원자를 대하는 자세, 그리고 그들이 던지는 질문의 깊이 같은 부분들로 차이를 확연히 느낄 수 있기 때문이다. 특히 면접관이 여러 명인 경우 그들 사이에 오고가는 대화를 유심히 들어보면 이 회사가 어떤 분위기인지도 어느 정도 파악할 수 있었다. 수직관계에 의해 고압적인 분위기가 만연한 회사인지 아니면 서로의 의견을 존중하는 분위기의 회사인지 정도는 충분히 느낄 수 있었던 것이다.

마지막으로 내가 회사와의 궁합을 점쳐보기에 가장 유용했던 방법은 면접관에게 역으로 질문을 해보는 것이었다.

"혹시 제가 방금 한 답변 중에서 빠트리고 고려하지 못한 부분이 있나요?"

"면접관님이 보시기에 이 업에서 가장 중요한 요소는 무엇인 가요?"

"혹시나 제가 뽑히게 되면 무슨 일을 하게 되나요?"

"만약 저를 뽑지 않기로 하신다면 무슨 이유 때문일까요?"

여기에 예로 든 이 질문들을 보고 어떻게 지원자가 감히 지원하는 회사의 면접관에게 이런 질문들을 할 수 있느냐고 생각할 수도 있다. 하지만 반대로 지금이 앞으로의 인생을 좌우할지도 모르는 중요한 순간이라 생각하면 질문하지 않고 애매하게 넘어가는 것보다 질문을 통해 확실하게 판단하고 넘어가는 편이 훨씬 낫지 않을까.

그리고 만약 면접 볼 때에 지원자가 이런 질문을 할 분위기조차 조성이 되지 않는 경우라면 아마 뽑히더라도 본인의 목소리를 내면서 일할 수 있는 회사가 아닐 가능성이 크다고 생각할 수 있다. 인생의 중요한 순간에 내 의사를 표현할 수 없는데 하물며 하루하루의 일상적인 회사 생활에서는 오죽하겠는가. 안타깝지만 그 한 번의 국내 전자회사 면접이 바로 이 상황에 해당하는 경우였다.

역으로 질문을 하고 나서는 그 질문들에 대한 면접관의 대답과 그 수준을 귀담아 들어보았다. 조금 마음의 여유를 가지고 마치 내가 면접관이라는 생각으로 그들의 대답을 꼼꼼하게 살피다 보면 앞으로 이들과 즐겁게 일할 수 있을지를 알 수 있었다. 나보다 더 훌륭한 사람에게 배우면서 일할 수 있는 즐거움, 마음이 따뜻한 사람과 함께 시간을 보낼 수 있는 즐거움, 그리고 가치 있는 일에 내 젊음을 사용할 수 있는 그런 즐거움 말이다.

이렇게 간단한 질문을 면접 때마다 한두 개씩만 던져보아도 놀라우리만치 회사마다 너무 확연하게 차이가 났다. 어떤 대답은 너무나도 실망스러웠고, 다른 대답은 내 심장을 뛰게 만들기도 했다. 그만큼 대답들마다 수준 차이가 컸다. 그렇게 나는 내 마음이 전하는 대로 나 자신과의 궁합을 어느 정도 점쳐 볼 수 있었다.

반면 너무 긴장해서, 혹은 뽑히기만 하면 다행이라는 생각으로 이런 부분들을 간과하면 훗날 진짜 첫 직장을 고를 때 쉽게 좋은 결정을 하지 못하게 되었다. 애석하게도 많은 친구들과 후배들 또한 그러지 못한 채 결정을 내렸고, 이 결정으로 말미암아 얼마 지나지 않아 금방 후회하곤 했다.

2016년 한국경영자총협회의 설문조사 결과 27.7퍼센트의 신입 사원들이 입사 1년이 채 되지 않아 퇴사한다고 하는데, 그 높은 숫자가 증명하듯 수많은 사람들이 섣부른 취업을 후회하였다.

취업 시즌이 되면 모든 회사에 원서를 작성하고서 '뽑아주는 곳'에 간다는 얘기들이 심심찮게 많이 들린다. 하지만 아이러니하게도 그와 동시에 한편에서는 퇴사 열풍이 거세게 불고 있다는 건 얼마나 나에게 맞는 직장을 찾는 것이 중요한지를 잘 보여준다. 이 때문에 첫 단추를 잘 꿰어야 한다는 말처럼 진정으로 원하는 일이 무엇인지를 인턴십을 준비할 때부터 꼼꼼히 살펴 좋은 커리어의 시작을 만들어나가는 것이 중요하다.

바로 그 순간의 선택이 삶의 질을 결정짓는다.

"행복은 현재와 관련되어 있다. 목적지에 닿아야 행복
해지는 것이 아니라 여행하는 과정에서 행복을 느끼기 때
문이다."

— 앤드류 매튜스 Andrew Matthews

내가 살고 싶은 삶, 내가 일하고 싶은 회사

내가 쫓아온 행복은 여기에 있었다

시간이 흐르면서 우리의 꿈은 계속 변한다. 어릴 적엔 한 번쯤 '대통령' 같은 크디큰 꿈을 가지고 있다가도 철이 들어가면서 점점 현실적인 꿈으로 옮겨가는 경우도 많다. 여러 방면에 관심을 가지고 있다가도 하나씩 경험이 쌓이면서 리스트의 숫자를 천천히 지워나가기도 한다. 안타깝지만 전자든 후자든, 우리의 꿈은 대체로 시간의 흐름에 따라 점점 작아지고 현실에 맞게 다시 재단된다. 그리고 학업

내 인생의 주인공

을 끝낼 즈음 남는 건 주로 쪼그라든 꿈과 줄어든 선택지이다.

나 역시 졸업이 가까워 오면서 똑같이 그런 초조함에 시달렸다. 시간을 두고 멀리 바라볼 수 있을 때는 가능한 힘껏 큰 꿈을 꾸고 거기에 맞춰 나를 채찍질했지만, 졸업이 점점 다가오면 다가올수록 냉정하게 나의 가능성을 판단해야 했다. 예를 들어 대학교 1학년 때는 아무리 노력한다 해도 진대제나 황창규 같은 훌륭한 엔지니어 출신 경영자가 될 수 없다는 현실을 받아들여야만 했다. 슬프지만 냉정히 말해 나는 그만큼 똑똑해질 수 없음을 깨닫고 인정하는 수밖에 없었다.

교환학생 프로그램을 마치고서는 단기간에 원어민처럼 영어를 할 수 없다는 사실도 받아들여야 했다. 거의 1년간 현지인하고만 지냈는데도 이 정도 수준이라면 5년쯤 더 살아야 영어가 편해질 터였다. 그래서 그 정도의 영어를 요하는 회사들도 모두 꿈에서 지워버려야 했다. 속이 쓰리지만 이러한 꿈들이 얄궂게도 문자 그대로 꿈같은 일이라는 것을 빨리 깨닫고 냉정하게 차선책을 찾아야만 했다.

그런 초조함을 마음 한구석에 품고서 나 역시 많은 친구들이 그러했던 것처럼 면접 스터디를 조직해 차근히 취업을 준비하고 있던 때였다. 보스턴컨설팅그룹에서 같이 인턴십을 했던 친구와 매주 몇 시간씩 카페에 앉아 서로 구해온 문제들을 풀어보기도 하고 번갈아 모의 면접을 봐주기도 했다. 면접이라는 건 늘 수많은 '왜?'라는 질문에 나만의 가치관과 지식을 녹여내어 대답을 해나가는 과정이다. 그래서 우리의 면접 스터디에는 항상 다양한 질문이 오고 가기 마련이었는데, 그럼에도 불구하고 어느 날 나는 완전히 예상을 벗어난 뜻밖의 질문을 받았다.

"이력서를 보면 참 다양한 활동을 많이 하셨던데, 그동안 왜 이렇게 열심히 하셨어요?"

왜 열심히 했냐니! 나는 한 번도 깊게 생각해보지 않던 질문이었다. 지독한 실패에서 벗어나고 싶어서? 나의 서른은 이것보다 좀 더 나았으면 하는 간절한 바람 때문에? 그것도 아니라면 남들처럼 돈을 많이 벌고 싶어서? 그동안 정말 열심히 하긴 했는데, 도대체 무엇을 위해 그래야만 했는지 한 번도 구체적으로 생각해본 적이 없었다. 머릿속에 '행복'이라는 단어가 문득 떠올라 영화 〈행복을 찾아서〉를 보면서 내가 바랐던 바로 그 행복이라는 녀석을 위해서라고 어물쩍 대답을 해버렸다. 그랬더니 더욱 황당한 질문이 이어졌다.

"뭐가 행복이죠? 지원자 분은 언제 행복하다고 느끼세요?"

인문학적 소양이 부족했던 탓이었을까? 아무리 생각해내려 애써도 쉽게 답할 수 없는 질문들이었다. 나는 왜, 도대체 무엇 때문에 이렇게 스터디까지 하면서 열심히 사는지, 도대체 나는 언제 행복하다고 느끼는 사람인지 깊게 생각해본 적이 없었다. 어쩌면 이런 질문들을 감성적인 일로 치부해버리고 여유가 없다는 핑계로 그동안 애써 피해왔던 것인지도 몰랐다.

대답을 솔직하게 할 수 없는 내 모습을 보면서 그제야 깨달았다. 몇 년 치 계획표를 세우고 잠을 줄여가면서 열심히, 꾸준히 해왔는데 도대체 왜 그래야만 했는지, 그리고 그토록 찾아 헤매던 행복이라는 건 무엇인지 나 스스로도 잘 알지 못한다는 사실이었다. 가뜩이나 쪼그라든 꿈과 좁아진 선택지로 마음이 허전한데, 그런 초조함 때문인지 억지로 없는 지원동기를 만들어가며 무기력하게 겉돌고 있었던 것은 아니었을까?

나는 이 질문들에 대한 솔직한 대답이 필요했다. 면접 스터디를 하는 시간보다 이 질문에 대한 솔직한 대답이 본격 취업을 앞두고 있는 지금 이 순간, 이 시점에 꼭 필요하다는 생각이 스쳤다. 이 대답을 바탕으로 선택한 나의 첫 직장이 향후 30년 아니면 그 이상의 내 커리어에 중요한 첫걸음이 될 터였다. 그래서 그날, 스터디를 잠시 접어두고 면접용으로 꾸며진 대답이 아닌 한없이 솔직한 마음으로 오래도록 친구와 함께 이야기를 나누었다. 그동안 어떤 생각으로 대학 생활을 했는지, 나의 지독한 실패는 무엇이었고 그때 어떤 느낌이었는지 그렇게 하나하나 나의 이야기를 더듬어 시간을 거슬러 올라갔다.

내 기억에 내가 처음으로 무엇인가를 열심히 해야겠다고 생각한 것은 초등학교 때 전학을 간 직후였다. 새로 전학간 학교에서는 당연히 아무도 내가 어떤 학생인지 몰랐다. 공부는 잘 하는지, 운동은 잘 하는지 아무도 나에 대해서 몰라주니 그 어린 마음에도 조바심이 나서 견딜수가 없었다. 갑자기 '공부 잘하는 아이'에서 '몇 반에 전학왔다던 아이'가 되는 그 상황이 너무 싫었다. 그래서 그 다음 시험에서는 꼭 다시 '공부 잘하는 아이'가 되겠다고 다짐을 했었는데, 바로 그 기억이 내가 처음으로 공부를 열심히 해야겠다고 생각했던 때였다.

돌이켜 보면 보면 그런 모습들이 지난날 내내 잇달아 이어져 왔다. 대입에 실패해 주변 사람들을 실망시켰을 때도, 대학 입학 후 지독한 실패를 겪으면서 시달릴 때도 한없이 작아진 나 자신을 스스로 못 견뎌했고, 그 상황들을 타개하기 위해서라면 무엇이든 해야 했다. 그렇게 해서 누군가 나를 칭찬해주고 인정해줄 때, 그 관계 속에서 뿌듯한 마음을 품고 있을 때 그때야말로 진정 행복하다고 느꼈다.

그러면 그럴수록 내 주변에 점점 더 좋은 사람들이 모여들었고 나는 더욱 더 신이 나서 그들을 위해 열심히 하게 되는 그런 행복의 선순환을 즐겼다. 별 것 아닌 이야기 같지만 나는 이때야 처음으로 '아, 나 자신이 이런 사람이구나'라는 것을 구체적으로 깨달았다. 그걸 깨달은 후에라야 비로소 내게 진정으로 어울리는 미래를 고민해볼 수 있었다. 이때의 깨달음이 없었다면 나 역시 초조함에 쫓겨서 계속 억지로 지원동기를 만들어 냈을지도 모르는 일이었다.

내 인생에서 가장 잘한 결정

앞선 깨달음에 비추어보건대 세상이 정해놓은 획일적인 기준을 맹목적으로 따르기만 한다면 나만의 행복을 추구하기가 힘들 것 같았다. 행복하다고 느끼는 순간은 사람마다 다를 텐데 직장을 고르는 기준이 모두 같다는 것은 앞뒤가 맞지 않았다. 그래서 사람들이 연봉이나 복지를 고민하거나 혹은 마케팅이나 영업 같은 직무를 고민할 때 나는 조금 다른 시각으로 나만의 기준을 세우기 시작했다. 내가 발견한 나만의 행복의 기준, 미국에서 교환학생 생활을 하던 중 넓어진 사고의 스펙트럼, 그리고 그동안 했던 인턴십 경험들을 종합해 만든 구체적인 다섯 가지 기준이었다.

① 회사나 그 회사가 속한 산업이 빠르게 성장하고 있는가?

② 회사가 훌륭한 브랜드 가치를 가지고 있는가?

③ 같이 일할 팀원들로부터 배울 점이 많은가?

④ 팀 안에서 나의 역할이 충분히 큰가?

⑤ 일과 여가의 균형을 잡을 수 있는가?

첫 번째 기준은 일단 내 능력 밖에 있는 변수를 줄이기 위해 생각한 것이다. 내가 제아무리 열심히 노력한다 해도 회사나 산업 자체가 고꾸라지면 그 안에 속한 구성원 모두가 속수무책으로 힘들어질 것 같았다. 반면 회사나 산업이 빠르게 성장하면 성장하는 속도만큼이나 회사 내에서 기회도 많이 생길 것 같았다.

계속 성장하는 만큼 회사도 많은 투자를 할 것이고 덩달아 다양한 분야를 배우고 접할 수 있는 기회가 생길 뿐 아니라 업무하는 분위기도 매우 유연할 것이라 생각했다. 그래서 설령 어느 회사가 업계의 리더라 하더라도 성장이 지체된 산업이면 지양하고자 했다.

두 번째 기준은 솔직히 개인적인 욕심이 반영된 것이다. 앞서 발견한 나만의 행복 기준 덕택에 생겼는데, 주변 사람들의 칭찬과 인정을 바라는 '나'라는 사람은 이왕이면 유명하고 훌륭한 회사를 다니면서 자존감을 높게 가져야 할 것 같았다. 아무리 회사와 산업이 성장하더라도 주변에 알아주는 사람이 없으면 신나지 않겠다는 생각 때문이었다. 그래서 조금은 세속적인 의미에서 훌륭한 회사들을 찾았다. 매년 리서치 회사에서 발표하는 세계 브랜드 가치 순위라든가, 가장 일하기 좋은 회사, 혹은 〈포춘Fortune〉지에서 선정하는 세계 500대 기업 같은 순위를 많이 참고했다.

세 번째는 첫 직장이 지독한 실패의 마침표일 뿐 내 성장의 마침표는 아니라는 마음가짐에서였다. 학생이라는 조금 길었던 단계가 끝난 것이지 커리어라는 단계의 시작점에 있던 나는 훌륭한 동료들의 어깨너머로 배워야 할 것들이 많았다. 인턴십 중에 함께한 직원들의 실력을 말 그대로 훔치고 싶었는데 그러려면 배울 것이 많은 사람들이 주변에 가득해야 했다. 이는 사전에 조사해서 알 수 있는 것이 아니라 면접장에서 내가 직접 판단해야 하는 부분이었다.

일반적으로 면접을 진행하는 면접관이 앞으로 일할 팀의 동료, 선배, 혹은 매니저인 경우가 많은데 내가 면접관에게 질문을 함으로써 그들의 훌륭함을 가늠해볼 수 있었다. 마치 내가 면접관이라는 생각으로 마음의 여유를 갖고 그들의 대답을 귀담아 들어보면 회사 혹은 팀마다 분명한 차이가 눈에 보였다.

네 번째는 기업 문화와 관련된 부분이었다. 한국 기업에 아직 존재하는 연공서열이라든가 경직된 조직문화 때문에 신입사원인 경우할 수 있는 일에 제약이 많다는 이야기를 굉장히 많이 들었다. 먼저 취직한 친구는 자신의 주 업무가 복사와 팩스 보내기, 그리고 회의실 예약과 정리라고 말할 정도였다.

회사마다 각자 맞는 스타일이 있겠지만 적어도 나는 지난 몇 년간 열심히 닦아온 나의 실력을 책임감 있게 사용하고 싶었다. 내가 만들어낸 상품이나 전략이 시장에서 어떻게 반응하는지를 직접 경험하고 조금이라도 빨리 배워 얼른 한 사람의 제 몫을 다해내는 팀원이 되고 싶었다. 단지 신입사원이라는 이유로 목소릴 낼 수 없는 기업문화는 내게 맞지 않을 것이 자명했다.

마지막은 그동안 열심히 달려온 나에 대한 작은 보상 같은 기준이었다. 지난 몇 년간 학기 중에는 전공과 학회를 병행하며 시달렸고, 모든 방학은 인턴십 프로그램에 투자했기 때문이다. 결과적으로 좋은 결과로 이어졌지만 그 때문에 마음 한 구석에는 20대에 해봐야 할 여러 가지 일들을 많이 해보지 못한 아쉬움이 늘 많았다. 책을 많이 읽어보지 못했고, 할 줄 아는 운동이나 악기도 하나 없었으며, 친한 동기들과 여행 한 번 가보지 못했다는 아쉬움이 있었다. 그래서 여유가 생기면 그동안 하지 못했던 것들을 뒤늦게나마 하나씩 해보고 싶었는데 그러려면 유연한 근무시간이 꼭 필요했다.

이렇게 자세한 나만의 기준을 가지게 되자 여러 가지 긍정적인

내 인생의 주인공

효과들이 찾아왔다. 먼저 회사 지원을 앞두고 꼭 필요한 분야에만 선택과 집중을 할 수 있게 되었다. 토익 시험 같은 영어 성적을 만들지 않아도 되었고, 직무 적성검사 같은 시험 문제 풀이를 하지 않아도 되었다. 각 회사마다 다양하게 요구하는 자기소개서를 일일이 작성하는 데에 들이는 시간도 최소한으로 줄일 수 있었다. 그 에너지를 아낀 대신 내가 정말 원하는 곳에는 후회가 남지 않을 만큼 최선의 노력을 쏟아 부었다. 이력서를 조금 더 다듬고 더 열심히 면접을 준비하면서 매 순간의 면접을 더욱 자신감 있게 임할 수 있도록 준비했다.

또 다른 장점은 여러 개의 회사를 두고 고민해야 하는 경우에 나타났다. 면접 일정이 겹쳐 하나의 회사를 포기한다든가, 혹은 여러 회사에 합격해 한 곳을 선택해야 하는 경우였다. 이런 때 바로 나만의 기준을 가지고 회사들을 비교하면 순간의 감정이나 주변 사람들의 말에 흔들리지 않고 균형감 있게 의사 결정을 할 수 있었다.

내 경우에도 입사 시 구글과 다른 회사를 두고 선택해야만 하는 경우가 있었는데, 구글이 첫 번째와 마지막 기준이었던 산업의 성장 속도와 유연한 근무시간에서 더 낫다는 판단에 구글을 선택하게 되었다. 물론 이런 내막을 모르는 몇몇 사람들은 이 결정이 아깝지 않았냐고 물어보았지만 나는 이 기준들 덕분에 확신할 수 있었다. 그리고 다행히도 그 선택은 지금까지도 내 인생에서 가장 잘한 결정 중 하나였다.

Chapter 5.

나는 계속
성장하고 있다

"성격이 모두 나와 같아지기를 바라지 말라. 매끈한 돌이나 거친 돌이나 다 제각기 쓸모가 있는 법이다. 남의 성격이 내 성격과 같아지기를 바라는 것은 어리석은 생각이다."

— 안창호

조금
내향적이어도 괜찮아

느닷없는 성격 바꾸기 프로젝트

학교를 벗어나 갑자기 직장인이 되었을 때 가장 크게 다가온 변화 중 하나는 바로 '관계'의 중요성이었다. 나와 팀원의 관계, 매니저와의 관계, 옆 팀 혹은 본사에 있는 누군가와의 관계, 그리고 고객과의 관계까지…. 회사는 이렇게 수많은 이해 당사자와 얽히고설킨 관계 속에서 업무가 이루어진다. 그건 관계야 어찌되었든 결국 스스로 열심히 공부해 학점을 쌓아나가야 하는 학생 때와는 많이 다른 점이다. 회사라는 곳, 더 나아가 사회라는 곳에서는 혼자만 열심히 한다고 해서 항상 좋은 결과가 나오리라는 보장이 없다.

그런 관계의 중요성은 구글이라 해서 특별히 다르지 않았다. 이곳에 입사하고 얼마 지나지 않아 나 역시 관계를 잘 만들어가는 것이 중요하다는 이야기를 정말 귀가 따갑도록 들었다. '평판 관리'라든가 'Self PR' 그리고 '네트워킹' 같은 단어들이 대표적이었다. 왜 이런 것들이 중요한지, 어떻게 이런 것들을 만들어나가야 하는지에 대한 이야기와 조언이 매일매일 내 주변에 가득했다.

특히 이런 관계와 관련된 이야기 중 개인적으로 가장 적용하기 힘들었던 것은 'Self PR'이었다. 겸손이 미덕인 문화권에서 평생을 살아왔기에 아무래도 내가 하는 일들을 직접 말하고 다니는 것이 편치 않았다. 일반적인 한국식 기업 문화의 관점으로 바라보면 신입사원이 뭔가를 해냈으니 좀 봐달라고 이 팀 저 팀, 혹은 다른 나라에까지 말하고 다니는 것이 유별난 모양새로 비춰지는 것만 같았다.

하지만 구글이라는 조직 안에서는 이런 일이 비일비재했다. 한국 오피스에 있는 동료들은 물론 심지어 유럽이나 미국에서도 누가 무엇을 하고 있다거나 해냈다는 이야기가 끊임없이 들려왔다. Self PR뿐 아니라 네트워킹도 마찬가지여서 많은 사람들이 팀과 국경을 넘어가며 자신만의 네트워크를 적극적으로 쌓았다.

보통 자기가 한 일을 적극적으로 공유하면서 관심을 보이는 사람들이나 팀과 서로 안면을 트고 가까워지는 식이었다. 이에 더해 앞서 말한 원온원이라는 좋은 커뮤니케이션 수단을 적극적으로 활용하는 사람도 많았다. 각자가 가진 이런 다양한 소프트 스킬을 잘 활용해 마치 회사에서 나를 제외한 모든 사람이 전부 네트워크를 잘 쌓아나가는 것만 같았다.

　그 모든 것을 옆에서 조용히 지켜봤던 나는 나도 뭔가를 해야 하지 않을까 하는 불안함이 조금씩 생겨나기 시작했다. 그렇게 중요한 것이라면 나도 얼른 만들어가야 할 텐데 하는 조바심도 슬그머니 생겨났다. 처음 목표했던 것처럼 회사에서 평범함을 너머 비범한 일원이 되려면 그리고 항상 믿음이 가는 직원이 되려면 이렇게 좋은 관계를 만들어나가는 것 또한 중요한 부분임이 틀림없었다. 그런 중요한 부분을 잘해내지 못하고 있다고 생각하니 불안함과 조바심이 생기기 시작한 것이었다.

　사실 이런 불안함과 조바심이 생기게 된 데에는 더 큰 문제가 따로 자리하고 있었다. 바로 내향적인 성격이었다. 내 성격을 너무 잘 알아서 어쩌면 중요한 관계 만들기를 잘하지 못할 수도 있겠다는 그러한 불안함과 조바심이었던 것이다. 이런 나의 내향적인 성격 탓에 회사의 어떤분으로 부터 조언을 받은 적도 있을 정도였다. 술자리에서 어렵게 꺼낸 말이었는데 정확하게 기억나진 않지만 내가 이해한 요지는 다음과 같았다.

'세상에는 똑똑한 사람이 참 많다. 그래서 'Book Smart^{학문적으로}
^{만 지식이 가득함}'로 그냥 똑똑한 것보다 'Street Smart^{세상 물정에 밝음}'로
조금 다르게 똑똑해야 한다. 나는 네가 'Street Smart' 역량도 잘 길렀
으면 좋겠다. 그래야 비즈니스 세계에서 좀 더 성공할 수 있다.'

업무를 같이 하며 그동안 쌓인 맥락에 비춰봤을 때 'Street Smart'
라는 표현에는 아무래도 나의 내향적인 성격에 대한 진한 아쉬움이
묻어 있었다. 스타일이라는 것이 사람마다 다르기에 직접적으로 말
하지는 않았지만 에둘러 표현한 말의 행간을 새겨보면 관계 만들기
에 신경 써야 한다는 말이었다.

정곡을 찔린 기분이었다. 나 스스로도 이미 알고 있어서 불안함
과 조바심이 있었는데 그것을 정확히 들추어내어 건드린 조언이었
던 것이다. 마치 큰 잘못을 들킨 것처럼 속상했다.

그렇게까지 그 말이 속상했던 것은 그동안에도 내향적인 내 성격
이 늘 스스로도 콤플렉스였기 때문이었다. 학창 시절에도 모임에 참
석하는 것보다 집에서 조용히 혼자 시간을 보내거나 가까운 친구들

과만 시간을 보내는 것이 훨씬 더 편하다고 생각했다. 운동을 할 때도 단체 스포츠보다 혼자 할 수 있는 운동을 선호했고 어쩌다 사람이 많은 곳에 다녀온 날이면 꼭 혼자 충전하는 시간이 필요했다.

그런데 스스로 그런 성향이면서도 또 동시에 항상 주변에 사람을 몰고 다니는 친구들을 늘 부러워했다. 실없는 이야기를 먼저 던지면서 스스럼없이 사람들과 잘 어울리고, 업무 외적인 대화 주제에도 막힘없이 잘 이야기하는 주변 사람들을 볼 때 마다 '왜 나는 저렇게 못 하는 걸까' 하는 답답함이 들 때도 많았다. 그럴 때마다 그런 내 성격에 대한 고민이 점점 깊어만 갔다.

하지만 정곡을 찔린 그 말을 듣고 나서는 더 이상 가만히 있을 수는 없었다. 더 이상 콤플렉스가 깊어지도록 내버려두지 말고 하루라도 빨리 성격을 고쳐야겠다는 생각에 이르렀다. 솔직하게 인정할 것은 인정하고 나름의 방식대로 이 콤플렉스를 고쳐보기로 한 것이다. 더는 Street Smart가 부족한 사람이라는 말을 듣고 싶지 않았고, 그동안 열심히 해왔는데 단지 성격 때문에 내 자질을 평가 절하 받기도 싫었다.

'이 성격도 정직하게 열심히 노력해보면 바뀌지 않을까?'

이런 생각으로 나는 한동안 나름의 노력을 했다. 우선, 억지로라도 사람들과의 약속을 만들어보기 시작했다. 이런저런 모임에 최대한 많이 참석했고, 오늘은 무슨 얘기를 해볼까 하고 대화 주제를 미리 종이에 적어보기도 했다. 운동할 때에도 혼자 운동하던 방식에서 벗어나 주말 아침마다 풋살을 하러 나갔다. 평소에 보지 않던 개그 프로그램도 한동안 챙겨보면서 어떻게 하면 사람들 사이에서 유쾌하고 재미있는 사람이 될 수 있을까를 고민했다. 나도 동경하던 다른 누군가들처럼 당당히 사람과의 관계의 중심에 서고 싶었다. 그래서 이것도 남들 하듯이 노력하면 되겠지, 라는 생각에 자기계발을 한다는 심정으로 묵묵히 시도했다.

하지만 결과는 대실패였다.

수십년간 형성되어 온 사람의 성격이라는 것이 이런식으로 노력한다고 해서 쉽사리 바뀌는 것이 아니었다. 개그 프로그램은 아무리 봐도 도무지 재미가 없었고, 미리 종이에 적어서 준비한 대화 주제가 떨어지면 이어서 할 말을 찾지 못했다. 꾸준히 약속을 잡고 사람 만나는 것도 작심삼일이 되기 일쑤였다. 풋살은 그나마 운동하는 동안은 어색함이 없어서 꾸준히 나갔지만 그것도 그걸로 끝이었다. 매주 운동을 말없이 하는 것 이상으로 사람들과 친해지기 힘들었다.

나는 정녕 안 되는 것일까. 유쾌하고 재미있는 사람이 될 수 없는 것일까. 어쩌면 평생 이 성격을 떠안고 살아가야 할지도 모른다는 생각이 문득 스쳤다.

서른에 만난 낯선 시도와 결과

최후의 수단으로 사람들에게 조언을 구하러 다녔다. 혼자 시도해본 여러 가지 노력이 거의 실패로 끝났으니 다른 누군가에게 도움이라도 받아야겠다는 생각이었다. 회사 매니저들과 선배들을 다짜고짜 찾아가서 무작정 답답한 마음을 피력했다. '회사에서나 비즈니스 세계에서 성공하려면 내향적인 성격을 고쳐야 할 것 같은데 어떻게 해야 하는 걸까요?' 그들이라면 오랜 경험에 빗대어 좋은 해답을 알려줄 수 있을 것만 같았다.

그런데 웬걸, 기대와는 다르게 놀랍게도 많은 사람들이 예상했던 것과 전혀 다른 대답을 해주는 게 아닌가. 물론 수많은 조언 중 내가 듣고 싶은 내용만 골라서 듣고 기억했을 수도 있지만 많은 사람들이 공통적으로 내게 해준 말은 외향적인 사람이 되려면 이런저런 것을 해야 한다가 아니라 '조금 내향적이어도 괜찮아'였다.

구글 내에도 얼마나 많은 내향적인 사람들이 있는지, 그리고 그

나는 계속 성장하고 있다

들이 어떻게 훌륭하게 성공적인 커리어를 쌓아가고 있는지 실제 사례까지 들어가며 내게 내향적이어도 괜찮다고 말해주는 것이 아닌가. 비즈니스 세계에서 회사생활과 사회생활을 잘하려면 외향적이어야만 하는 거라고 생각했던 내가 전혀 예상하지 못한 대답이었다.

특히 그중 몇 가지 포인트는 그동안 성격이나 관계에 대해 가지고 있던 편견을 깨트리는 새로운 관점이었다. 예를 들어,

① 외향적인 사람과 같은 방식으로 관계를 만들려고 노력하기보다 내향적인 사람이 가지고 있는 장점을 활용해 관계를 만드는 것이 더 나을 수 있다.
② 외향적인 사람이라고 해서 모든 사람과 다 좋은 관계를 가지고 있는 것은 아니다. 항상 모든 사람에게서 사랑받을 수는 없으니 꼭 그래야만 한다는 부담감은 조금 내려놓아도 괜찮다.
③ 좋은 관계라는 것이 항상 엄청 가까운 관계를 일컫는 것은 아니다. 약하게 연결된 인간관계도 좋은 관계가 될 수 있다.

라는 내용들이었다. 유쾌하고 말을 재미있게 잘하는 사람이 되어 모든 사람을 다 내 편으로 만들고, 그래서 그들과 굉장히 친해져야 성공한 인간관계라 막연히 생각했다. 하지만 지금까지의 조언들을

종합해보면 그것만이 꼭 정답은 아니라는 것이었다.

이 말들에 용기를 얻은 나는 내향적이어도 잘할 수 있는 방식으로 나만의 관계 만들기를 시작했다. 첫 번째는 좀 더 철저히 준비해서 커뮤니케이션에 참여하는 것이었다. 회사에는 하루 보통 서너 개, 많게는 대여섯 개의 미팅이 있었는데, 이 미팅에 들어가기 전, 하고 싶은 말을 미리 준비하기 시작했다. 필요하다면 그래프 같은 시각 자료를 따로 만드는 노력을 더해서라도 효과적으로 의사를 전달할 수 있도록 신경 썼다.

특히 미팅 노트가 있는 미팅이라면 항상 노트에 할 말을 제일 먼저 써두고 필요한 시각 자료의 링크를 미리 넣어두었다. 왜냐하면 성격상 미팅 중간에 할 말이 바로바로 떠오르지 않는 경우가 많아 미팅이 끝나고 난 후 '아, 아까 이 얘기를 할 걸'이라고 후회한 적이 많았기 때문이다. 이렇게 할 말을 미리 준비하고, 시각 자료까지 만들어 활용하는 일을 오래도록 꾸준히 하면 적어도 회사에서 미팅할 때만큼은 적극적이고 체계적으로 의견을 잘 전달하는 사람이 될 수 있을 것만 같았다.

두 번째는 약하게 연결된 관계 만들기였다. 언젠가 미국 경제사회학자인 마크 그래노베터Mark Granovetter 교수의 연구에서 비롯된 이론인 '약한 연결의 힘The strength of weak ties'이라는 말을 접한 적이 있었다. 그는 취직을 한 사람들이 어디에서 구직 정보를 얻는지를 추적했는데 오직 17퍼센트만이 친구나 친척처럼 가까운 사람으로부터 해당 직장 정보를 얻었고 나머지 83퍼센트는 간혹 혹은 어쩌다 드물게 만나는 사람들로부터 구직 정보를 얻는다는 것이었다.

한 마디로 작은 인연이 연결고리가 되어 관계가 확장되고 그러면서 정보가 늘어나고 기회가 많아진다는 연구였다. 그래서 시작한 일 중 하나가 블로그에 글을 쓰는 것이었다. 글을 쓰는 것은 내향적이어도 충분히 할 수 있는 일이었다. 블로그에 이런저런 글을 쓰다보면 자연스럽게 여러 사람들을 온라인에서라도 만날 수 있었는데, 두바이의 한 대학생부터 미국의 어느 전문가까지 실제로 블로그를 통해 다양한 사람들과 연이 닿기도 했다.

마지막 세 번째는 사소한 관계의 디테일에 신경 쓰는 것이었다. 몇 년 전 외할머니께서 지병으로 돌아가셨을 때의 일이였는데 어느 친구 한 명의 부의금 봉투가 남달랐다. 보통은 그냥 봉투에 이름만 쓰고 부의금을 넣는데, 그 친구의 봉투 안에는 짧지만 큰 위로가 되는 쪽지가 함께 들어가 있었다.

그건 수백 장의 부의금 봉투 중 쪽지가 들어 있는 유일한 하나의 봉투였다. 별 것 아닌 것 같은 그 짧은 쪽지 하나가 너무 고맙고 기억에 남았다. 그래서 그때의 기억을 되살려 나도 기회가 있을 때마다

누군가는
나를 말렸어야
했다

작게나마 마음을 써보려고 애썼다. 누군가의 생일이 되면 SNS에 달리는 수많은 생일 축하 메시지 중 하나가 되기보다 따로 개인 메시지를 보내보기도 하고, 회사에서 누군가를 축하할 일이 생기면 따로 축하의 이메일을 보내는 식이었다. 이것 역시 내향적이지만 꼼꼼한 내가 더 잘할 수 있는 일이었다.

이렇게 세 가지 방법을 몇 달 동안 실천해본 결과는 놀라웠다. 외향적인 사람이 되려고 노력했을 때는 잘되지 않던 일들이 차라리 내가 잘할 수 있는 방식으로 관계 만들기를 하려고 했더니 너무나도 자연스럽게 되는 것이었다. 무엇보다 나에게 어울리지 않는 무언가를 억지로 해야 한다는 부담감이 없으니 훨씬 실천하기가 수월했다. 그건 마치 홈그라운드에서 경기하는 것과 같은 기분이었다. 시간은 조금 더 오래 걸리고 단숨에 성과가 보이지 않을지 몰라도 이렇게 꾸준히 하면 서서히 나만의 견고한 관계가 쌓여갈 것 같았다. 언젠가 누군가는 이런 나를 알아봐줄 것이라는 개인적인 바람과 함께.

그러던 어느 날이었다. 일본에서 레이먼드라는 사람이 한국으로 출장을 왔는데, 그는 APAC에서 Product Specialist 팀을 이끄는 매니저였다. 나와 레이먼드는 입사 초창기에 어느 프로젝트를 같이 한 적이 있어 서로 안면은 있었지만 실제 직접 만나본 것은 그날이 처음이었다. 아마도 그날부터 대략 1년쯤 전에 화상회의를 통해 예닐곱 번 정도 만나본 게 전부였을 것이다. 그는 한국 팀 미팅에 참석해 몇 가지 비즈니스 관련 업무 내용을 공유하러 왔는데 그런 건 워낙 사내에서 흔히 있는 일이라 나도 그냥 가볍게 인사를 나누고는 별 생각 없이 팀 미팅에 참석했다.

그런데 미팅 자리에서 예상치 못한 일이 벌어졌다. 레이먼드가 자기 팀이 하는 일을 소개하는데 내가 최근 한국 팀에서 하고 있었던 일이 그 일과 연관이 있는 일이고 내가 한 일의 결과물이 인상 깊었다고 얘기하는 게 아닌가. 그러면서 심지어 농담조로 "우리 팀으로 오지 않을래?"라고 말하기까지 했다.

놀라운 일이었다. 왜냐하면 최근에 한 번도 레이먼드랑 얘기해본 적이 없었기 때문이다. 내가 한국에서 하던 일을 어떻게 이 사람이 알고 있는 것인지, 또 아무리 농담조라지만 갑자기 자기네 팀으로 오라니 이게 다 무슨 소리인가 싶었다.

나중에야 알게 된 사실이지만 레이먼드는 내가 만든 프로젝트 관련 시각 자료를 봤다고 했다. 예전에 내가 팀원들에게 내용을 효과적으로 전달하고 싶어 만들고 공유했던 그 자료였다. 시각 자료가 이리저리 공유되고 퍼지면서 그게 우연찮게 그의 눈에까지 띄게 된 것이었다.

내 방식대로 시도해본 커뮤니케이션 방법과 약한 연결의 힘이 바로 여기에서 이런 식으로 발현되다니 놀라운 일이었다. 그리고 농담인 줄 알았던 레이먼드의 자기네 팀으로 오라는 말이 사실은 사심이 담긴 진담 반 농담 반이었다는 이야기도 곧 전해 들었다. 언젠가 어느 누군가는 묵묵히 제 할 일을 하고 있는 나를 알아봐줄 것이라는 바람이 현실로 다가온 것이다.

그렇게 나는 갑작스럽게 레이먼드의 팀으로 옮기게 되었다. APAC에서부터 단계적으로 나의 가능성을 시험해보겠다고 생각은 하고 있었지만 그 기회가 일본이라는 나라에서 이렇게 갑작스러운 형태로 찾아오게 될 것이라고는 생각해보지 못했다. 내성적인 성격 때문에 계속해서 고민했고 디즈니랜드까지 가서도 영어 때문에 한껏 주눅이 들어 있던 나에게 대단히 극적인 변화가 아닐 수 없었다. 그건 내향적이지만 그럼에도 묵묵히 나름대로 실천한 일들이 모이고 모여 만들어낸 결과였다. 나의 서른은 이렇게 갑작스러운 기회와 함께 일본이라는 낯선 나라에서 시작되었다.

나는 계속
성장하고 있다

"멀리 갈 위험을 감수하는 자만이 얼마나 멀리 갈 수 있는지 알 수 있다."

— T. S. 엘리엇

다시 시작하는
도전

아이러니한 나의 서른

인생의 큰 변화는 예고도 없이 불쑥 찾아와 순식간에 결정이 나 버리기도 한다. 대입에 실패하고 삼수를 마음먹었을 즈음 받은 추가 합격 전화라든가, 구직 활동 시작과 동시에 구글 입사로 싱겁게 끝 난 취업, 그리고 갑작스럽게 제안 받은 구글 재팬의 포지션 등이 그 랬다. 이런 굵직굵직한 인생의 큰 변화들은 어느 날 갑자기 예상치도 못하게 내게 찾아왔다.

모교와 전공은 고등학교 3년 내내 단 한 번도 생각해보지 않았던 것들이었고, 구글이라는 회사는 애당초 목표한 회사 리스트에 있지도 않았다. 내가 일본에서 살게 될 거라고는 평생 상상해본 적도 없었다. 돌이켜 생각해보면 모두 굉장히 신기한 일들이었다.

페이스북의 최고운영책임자COO인 셰릴 샌드버그Sheryl Sandberg는 언젠가 이런 말을 한 적이 있다.

"저는 커리어를 미리 계획하지 않았어요. 커리어는 사다리가 아니라 정글짐 같은 것이어서 오르는 데는 여러 가지 방법이 있습니다."

아마 본인 스스로도 어느 정부 조직에서 일하다가 갑자기 실리콘밸리로 가게 되고, 또 구글에서 일하다가 한참이나 어린 페이스북의 마크 저커버그Mark Zuckerberg와 함께 일하게 된 지난 경험이 있었기에 할 수 있는 말이었을 것이다.

나 역시 전혀 예상치 못한 변화와 경험을 20대 내내 겪으면서 이와 비슷하게 미래를 바라보는 관점에 조금씩 변화가 찾아왔다. 과거에는 철저히 인생 계획표를 만들고 실행에 옮겼던 것처럼 미래를 전부 성실히 계획하고 통제할 수 있다고 생각했는데 실제 현실은 그렇지 않다는 것을 조금씩 깨우쳐 갔다. 물론 그렇다고 해서 내게 찾아온 급작스런 변화들이 전부 '운'이라거나 '우연' 때문이라고 치부하는 것은 아니다. 다만 매사 최선을 다하면서 잘 준비되어 있다면 예상치 못한 기회와 그에 따른 긍정적인 변화들이 자연스레 찾아온다는 사실을 새롭게 깨닫게 된 것이다.

예를 들어 전역하기도 전에 군부대에서 갑자기 친구의 전화를 받고 몸담게 된 경영전략학회 활동이라든가 토플 성적이 없어 어쩔 수 없이 모험을 걸고 쓰게 된 단 하나의 제1지망 교환학교, 지원하고픈 회사 리스트에 있지도 않았지만 인턴십 동기가 알려준 덕분에 들어오게 된 구글이라는 회사가 바로 그런 일들이었다. 이 모두가 어쩔 수 없어서, 혹은 우연히 일어난 일이었지만 내가 준비되어 있지 않았다면, 그래서 우연이라는 것을 기회라는 이름으로 반전시키지 않았다면 모두 붙잡지 못했을 일들이었다.

덕분에 이런 삶을 설명하는 데 있어 단순히 깨달았다는 말보다는 자신감이 생겼다는 표현이 더 적절할지도 모른다. 사다리처럼 꼭 선형으로 미래를 정교하게 계획하지 않더라도 매번 찾아오는 기회마다 최선을 다하면, 어느 순간 결정과 경험이 어떤 식으로든 이어져 조금 더 나은 나를 만들어줄 거라는 자신감 말이다. 샌드버그가 말했던 정글짐과도 같은 오름새처럼 그런 자신감이 서른 살의 나에게 있

나는 계속
성장하고
있다

었다. 히라가나 한 자 읽지 못했고, 친구나 가족 한 명 없는 도쿄이지만 불쑥 그곳에 서 살겠다고 결정해버린 것도 그런 자신감에 기인했다.

일본팀 매니저로부터 갑작스러운 포지션 제안을 받고 결정을 내리기까지 3일밖에 걸리지 않았다. 처음에는 사람들이 이런 갑작스러운 결정을 놀라움으로 받아들이곤 했다. 왜 하필이면 일본인지, 왜 하필이면 이 팀인지, 왜 하필이면 지금이어야 하는지 많이들 의문스러워했다. '영어로 일하는 APAC 포지션'이라는 기준을 제외하면 그 외의 다른 점은 사실 깊은 이유가 없었다. 여기서 또 최선을 다하면 경험이 어떤 식으로든 미래에 도움이 될 것이라는, 아니 그렇게 내가 만들 수 있다는 작은 믿음이 있을 뿐이었다.

그런 생각 끝에 마침내 일본에 도착하던 날, 신기하게도 딱 5년쯤 전 미국 땅에 도착했을 때랑 똑같은 모습의 나를 발견했다. 두 개의 커다란 이민 가방과 이번에는 종이 대신 스마트폰에 적혀 있는 주소 하나만 가지고 있는 나. 이번에도 나는 그렇게 덜렁 도쿄 하네다 공항에 내려버렸다. 5년 전 샌프란시스코 공항에 처음 도착했을 때와 판박이 같았다. 시내로 들어가는 모노레일 열차를 탔을 때 그제야 내가 큰일을 저질렀구나 하는 두려움이 불쑥 찾아들었다. 이것이야말로 말 그대로 새로운 도전이었다.

그동안 지독한 실패 속에서 '더 나은 서른'을 줄곧 외쳐왔던 것은 서른이라는 단어가 주는 묘한 어감 때문이었다. 그 나이쯤이면 더 이상 실패의 그림자 같은 건 없이 어떤 식으로든 안정적인 삶을 살고 있지 않을까 하는 막연한 기대가 가득한 서른 말이다. 그런데 안정적인 삶에 대한 꿈을 서른의 초입에 들어서자마자 기가 막히게 스스로 발로 차버리다니 이것이야말로 도전이라 표현하지 않을 수 없었다. 아이러니하다는 말이 딱 어울리는 서른이었다.

여전히 나는 미완성이다

도전은 처음부터 쉽게 흘러갈 리 없었다. 팀을 바꾸면서 해야 할 업무가 새롭게 변경되었고 바뀐 업무는 전부 영어로만 이루어졌으며 동시에 회사 밖의 모든 일은 거의 일본어로만 이루어졌다. 무턱대고 일본에 도착하던 날 나의 일본어 실력은 정말로 히라가나 한 자 읽지 못하는 수준이었는데 그러다 보니 은행 계좌를 개설하는 것부터 살 집을 구하고 필요한 물품을 사서 채워 넣는 것까지 모든 일이 매번 시행착오의 연속일 수밖에 없었다.

어떻게 영어는 단 한글자도 쓰여 있지 않은 것인지 말 못하는 외국인인 내게는 매일매일 난감한 상황들이 펼쳐졌다. 슈퍼마켓에서 필요한 물품을 구매할 때도 설탕인지 소금인지, 아니면 샴푸인지 린

나는 계속
성장하고 있다

스인지를 구분하는 것마저 애를 먹어야 하는 상황의 연속이었다.

그렇다고 해서 영어가 통하는 회사에서의 시간이 마음 편했던 것도 아니었다. 사실 모두들 영어가 원어민 수준은 아니었고 문화적으로도 얘기를 끝까지 잘 들은 후 말하는 분위기였기 때문에 디즈니랜드에서 경험했던 것 정도로 힘든 것은 아니었지만 그래도 영어로 하루 종일 일하는 것이 쉬운 일은 아니었다. 누군가 불쑥 말을 걸까봐, 말을 잘 못 알아들을까봐 항상 긴장하고 있어야 했고 그렇게 하루 종일 경직되어 있다가 퇴근하고 나면 긴장이 한 순간에 풀리면서 완전 녹초가 되기 일쑤였다.

그도 그럴 것이 일본에서 나의 일과는 눈뜨자마자 밤새 도착한 3~40여 개의 이메일을 읽는 것으로 시작되었다. 내가 퇴근한 후 일을 시작하는 유럽 팀에서 보내는 이메일과 내가 잠자는 사이에 보내는 미국에서의 이메일이 매일 밤 쌓였는데 일어나자마자 보기 시작해서 출근하는 지하철 안에서까지 쉼 없이 이메일을 읽고 분류하는 것이 하루의 시작이었다. 그냥 읽고 넘기면 되는 이메일과 읽고서 답장해야 하는 이메일, 그리고 그날 작업해야 할 일이 담겨 있는 이메일을 분류하면서 하루 일과를 가늠해볼 때마다 매번 전쟁터에 나가는 듯한 기분이었다.

아침에 출근하면 보통 미국 본사와의 화상회의가 준비되어 있었

누군가는
나를 말렸어야
했다

다. 일본 시간으로 아침 아홉 시면 본사가 있는 미국 캘리포니아는 오후 네 시 혹은 다섯 시인데 그들이 퇴근하기 직전 한두 시간이 유일하게 우리와 겹치는 시간이라 항상 아침 이른 시간대에 본사와의 미팅이 몰렸다. 그래서 밤새 온 이메일을 미리 읽어두지 않으면 무슨 말인지 모르는 경우가 생기기 때문에 꼭 이메일을 읽고 문맥을 파악해두는 작업이 필요했다.

물론 지금은 많이 익숙해졌지만 처음에는 본사와의 아침 화상회의가 그렇게 부담스러울 수 없었다. 가뜩이나 아침 일찍 잠도 덜 깬 상태인데 깨끗하지 않은 스피커 음질을 통해 전해지는 엄청난 속도의 영어를 집중해서 듣는 건 여간 고역이 아닐 수 없었다. 회사에서는 매일 아침식사를 제공해줬지만 심적으로나 물리적으로나 여유가 없어 먹지 못하는 경우가 대부분이었다.

그렇게 오전에 한바탕 본사와의 미팅을 끝내고 어느 정도 일을 처리하고 나면 다음은 APAC 팀과의 미팅이 오후에 쭉 이어졌다. 우리 팀 일은 도쿄뿐 아니라 인도 뭄바이, 싱가포르, 홍콩, 그리고 시드니 등 APAC 전역에 걸쳐 있었는데 인도 팀이 출근하는 일본 점심시간 이후가 되면 이런 팀 미팅이 한가득 기다리고 있었다.

인도에서는 무슨 이슈가 있고 중국에서는 뭐가 잘되며 시드니에

나는 계속 성장하고 있다

서는 뭐가 잘 안 된다더라 하는 이야기들이 미팅 때마다 수없이 오갔다. 각 마켓의 다양한 문맥을 이해하고 따라가는 것 역시 난생 처음 한국 밖 비즈니스를 경험한 나에게는 생소한 일이었다.

하지만 이 모든 일보다 솔직히 가장 답답했던 경우는 매니저 의견과 내 의견이 서로 달랐을 때였다. 일을 하다보면 의견이 달라 때때로 생산적인 논쟁을 벌여야만 하는 경우가 있기 마련이었는데 이때 부족한 내 영어 실력 때문에 내가 원하는 것만큼 정교하게 생각을 표현할 수 없는 경우가 종종 생겼다.

좀 더 나은 영어 실력이었다면 효과적인 커뮤니케이션을 통해 이런 논쟁을 잘 해결하는 데에 큰 도움이 될 테지만 나는 매니저의 대화 속도에 맞추어 정확한 사실을 전달하는 것만으로도 벅찼다. 그래서 딱히 마음껏 반박하지 못하고 집으로 돌아오게 된 날이면 그렇게 답답하고 억울할 수가 없었다. 저녁 내내 한참을 혼자 분해 하다가 할 말을 다시 잘 정리해 다음 날 또 얘기해보고 또 얘기해보는 날이 한동안 반복되었다. 언젠가는 나아지겠지 하고 스스로 위로하면서 버티던 나날들이었다.

이런 도전들을 맨몸으로 맞닥뜨린 지 3년 가까운 시간이 흘렀다. 평화롭고 안정적이던 생활 중 갑자기 맞이한 험난한 도전이었다고 할 만한 시간이었다. 3년이라는 짧지 않은 시간이 흘렀으니 이제 다 적응되었다고 말할 수 있으면 좋으련만 아직도 여전히 많은 에피소드가 날마다 생기고 있는 내 도전은 여전히 현재 진행형이다.

그럼에도 지금 시점에서 자신 있게 말할 수 있는 것은 이 도전들이 내가 일본으로 가겠다고 결심하던 순간에 기대했던 부분을 충분히 채워주었다는 점이다. 기대한 만큼 더 큰 세계무대로 올라설 수 있을지, 아니면 한국에서 남은 커리어를 보내야 하는지 그 갈림길에서 다행히 전자를 선택할 수 있었다. 실제 이렇게 도전해보지 않았다면 어쩌면 남은 평생을 두 개의 갈림길 사이에서 후회하며 살아갔을지도 모르는 일이다.

그리고 무엇보다 지금 이 순간 이 도전으로부터 내가 계속 성장하고 있다는 믿음이 날 기쁘게 한다. 지난 모든 여정은 항상 오늘보다 딱 한 뼘만이라도 더 나은 내일을 만들기 위함이었는데 현재 경험하고 있는 이 힘겨운 여정들이 바로 그 조금이라도 더 나은 내일의 나를 만드는 데에 도움이 된다고 믿을 수 있다는 것이 얼마나 기쁜 일인지 이루 말로 다 표현할 수가 없다.

지난 30년의 모든 익숙함과 편리함을 송두리째 뒤엎었던 미완의 도전이 앞으로 내게 어떤 영향을 미칠지 이제는 짐작조차 할 수 없다. 하지만 실제 도전해보기 전에는 알 수 없었던 굉장히 많은 경험

나는 계속
성장하고
있다

과 배움이 있었기에 나도 모르는 사이에 내가 한 뼘쯤은 성장해 있지 않았을까. 지그재그 같은 나의 도전의 끝이 기대되고 설레는 이유이다.

　　나의 꿈도, 나라는 사람도 아직 완성되지는 않았다.

당신이 알고 있는 바로 그 희망의 기술

한 뼘이라도 좀 더 나은 또 다른 10년

이 책은 원래 '희망의 기술'이라는 제목으로 카카오브런치에 연재하고 있던 글이다. 이러한 제목은 에리히 프롬의 《사랑의 기술》이라는 오랜 고전으로부터 따왔다. 사랑이라는 고귀한 가치에 기술이라는 차가운 명사가 이질적으로 함께 자리하는 도발적인 제목이 좋았다. 아마 세상 모든 일이 내 마음대로 되지 않는다며 불안해하고 애달파하던 어느 우울한 날들 중에 읽었을 것이다.

그리곤 때마침 첫사랑마저도 쉽지 않았던 한 청춘의 마음에 깃들어 그 후로 오래도록 내 마음속에 남아 있었다. 그렇게 한 10년쯤의 시간이 흘러 희망이라는 형이상학적인 가치를 어떻게 하면 손에 잡힐 듯이 생생하게 그려낼 수 있을까를 고민하다가 떠올린 것이 바로 이 《사랑의 기술》이었다. 이 책을 읽던 과거의 나는 상상도 못 할 일이었지만 10년 후 나는 제법 담담하게 그 시간들을 기술하게 되었다.

《사랑의 기술》에는 사랑에 대한 사람들의 일반적인 관념이 담겨 있다. 사람들이 사랑 문제를 사랑하는 능력의 문제가 아니라 사랑을 받는 문제로, 혹은 사랑하는 대상의 문제로만 생각한다는 것이다. 즉 사랑을 잘할 수 있는 방법을 배울 수 있다고 생각하지 못하고, 사랑이 내게 찾아오길 그저 바라기만 한다거나 사랑하는 대상만 있으면 사랑이 저절로 잘되는 것이라고 생각한다는 것이다. 《사랑의 기술》은 바로 이런 관념들 때문에 사랑의 실패가 반복되는 것이라고 설명하고 있다.

나는 우리가 늘 찾아 헤매는 희망이라는 것도 이와 유사하다고 생각한다. 우리는 희망을 구체적으로 좇지 않으면서 희망이 내게 점점 가까이 다가올 것이라 기대하기도 하고, 희망의 대상이라 할 수 있는 '꿈'만 있으면 저절로 희망이 생길 거라고 착각한다.

하지만 사실 희망을 하는 데에도 기술이 필요했다. 내가 바라는 삶과 현실 사이의 혹독한 간극 인식, 꿈을 향해가는 희망의 설계, 그리고 간절한 마음으로 하나씩 계획을 실천해나가는 그런 희망의 기술 말이다. 짧다면 짧고 길면 길다고 할 수 있는 지난 10년쯤의 시간을 통해 한 가지 확실히 깨달은 것은 희망이라는 게 결코 제 발로 내게 찾아오지는 않더라는 것이다. 운이라는 그 장난 같은 것에 간택당하길 하염없이 기대하고 기다리기보다 내가 희망을 스스로 조금씩 찾아가고 다듬어야 조금씩 다가왔다.

나의 지난 10년은 바로 '희망의 기술'을 깨우쳐가는 과정이었다. 내가 어렴풋이 꿈꾸던 삶과는 전혀 다른 삶을 살게 될지 모른다는 불안감과 내 능력으로는 도저히 오를 수 없는 벽을 마주한 것 같은 좌절감만 가득 차 있던 때가 있었다. 작게나마 희망했던 행복이라는 녀석은 정말 요원해 보이기만 했다. 뒤늦은 사춘기를 겪으면서 감정의 롤러코스터를 타고 나의 젊은 날들이 이리저리 용솟음치기도 했다.

하지만 나는 그와 동시에 마음 한 구석에 간절함이라는 감정을 싹틔우기 시작했다. 더 이상 꿈이 점점 작아져만 가는 것을 두고 볼 수 없다는 간절한 감정의 싹이었다. 다행스럽게도 나는 그 감정을 외면하지도, 어떻게든 되겠지 하고 미뤄두지도 않았다. 대신 그 간절함 위에 내가 가진 모든 최선을 쏟아 부었다. 계획을 세우고, 고

통의 시간을 이 악물고 버텨내며, 때로는 위험을 감수하고 도전하고 부딪혔다.

외국인이랑 대화 한번해본 적 없는 평범한 공대생이 미국에서 말도 안 되는 일들을 온몸으로 접한다거나, 일본이라는 엉뚱한 곳에서 다국적의 사람들과 일하면서 살게 될 거라고는 상상조차 해보지 않았다. 하지만 간절한 마음으로 하나씩 희망의 기술들을 깨우쳐 나갈 때마다 이런 드라마 같은 일들이 계속해서 벌어졌다. 누군가에겐 별 것 아닐 수 있는 나의 평범하지만 평범하지 않은 서른은 그렇게 만들어졌다.

나의 도전, 아니 우리의 도전은 아직 끝나지 않았다. 누군가는 나보다 조금 더 앞서 있고, 또 다른 누군가는 조금 뒤처져 있을지도 모른다. 하지만 나는 내가 지금 어떤 위치에 있든 그 현실이 나의 가능성과 꿈의 크기를 규정짓게 내버려두고 싶지는 않다. 10을 꿈꾸면 딱 10만큼의 가능성이 열리고, 100을 꿈꾸면 100만큼의 가능성이 열릴 것이기 때문이다. 그래서 나는 조금 더 큰 꿈, 더 큰 가능성을 계속해서 열어젖히려 한다. 그게 또다시 굉장한 용기와 도전을 요하는 일일지라도 아마 또 뛰어들어야 할 것이다.

한 뼘이라도 좀 더 나은 또 다른 10년을 만드는 법은 이번에도 역시 다르지 않을 거라고 믿는다. 지금껏 내가 배운 희망의 기술들을 간절한 마음으로 하나씩 해나갈 때 지금은 내가 상상조차 할 수 없는 모습으로 마흔을 보내지 않을까.

과거의 나는 서른을 '우려'했지만, 지금의 나는 마흔을 '기대'한다.

부록
I · II

구글, 어디까지 알고 있니?

Q. 구글이 창의적인 기업인 이유는 무엇인가?

A. 구글의 핵심은 커뮤니케이션이다

구글만큼 미디어에 자주 회자되는 회사도 드물 것이다. 이세돌 바둑기사와 대결을 펼쳤던 '알파고AlphaGo', 자율 주행 자동차인 '웨이모Waymo', 그리고 여러 개의 열기구를 띄워 오지에 인터넷을 연결해주는 '프로젝트 룬Project Loon'에 이르기까지 구글은 이런 기상천외하고 혁신적인 기술들을 끊임없이 선보이며 늘 화제의 중심에 서 있어왔다.

이런 재미있는 프로젝트들과 더불어 구글의 수평적이고 자유로운 사내 문화와 잘 갖추어진 복지제도도 자주 소개되는 단골 주제 중 하나이다. 호텔 뷔페 못지않은 사내식당이라든가 회사에 상주하는 바리스타와 마사지 테라피스트, 각종 게임기가 즐비한 게임 룸과 시설 좋은 피트니스 센터 등 일반 기업에서는 상상하기 힘든 독특한 직원 복지제도들이 많이 알려져 있다.

이런 이야기들이 소개될 때면 꼭 그 뒤를 이어 자율, 혁신, 창의성 같은 수식어들이 따라 붙는다. 직원들의 창의성 증진을 위해 최대한의 자율과 편의를 제공하는 것이 구글이 선보이는 혁신적인 프로젝트들의 성공 요인들 중 하나라는 것이다.

햇수로 이제 6년째, 두 개의 다른 도시에서 정확히 절반씩 일해오고 있는 나는 개인적으로 이 모든 사내 문화와 복지제도가 단순히 창의성만을 위해서라고 생각하지는 않는다. 오히려 '건강한 커뮤니케이션과 그에 기반을 둔 의사결정'을 위한다고 표현하는 것이 구글 문화를 설명하는 데에 좀 더 적합하다.

천재적으로 순간 번뜩이는 영감과 발상 같은 것들이 처음 그 아이디어 자체로는 굉장히 멋지게 보일지 모른다. 하지만 그 아이디어가 최대한 많은 사람에게 혜택으로 돌아가면서 동시에 비즈니스적으로도 유의미하게 하려면 최소한의 리스크로 최대한의 비즈니스 효율을 이끌어내는 것이 중요하다. 그냥 듣기에도 복잡해 보이는 이런 비즈니스 모델을 성공적으로 운영하기 위해서는 건강한 커뮤니케이션이 필수이다.

현재 전 세계 1위 온라인 영상 플랫폼이 된 유튜브 사업의 초창기에 발생했던 에피소드가 하나 있다. 수 년 전 유튜브 팀은 스마트폰

보급에 발맞춰 스마트폰으로 찍은 영상을 곧바로 유튜브에 업로드 할 수 있는 기능을 개발했는데, 이상하게도 10퍼센트 정도의 영상이 위아래가 뒤집어져 업로드 되는 문제가 발생했다. 아무리 살펴보아도 기술적으로 아무 문제가 없었는데 나중에 알고 보니 왼손잡이 유저들은 스마트폰을 반대 방향으로 들고 촬영한다는 사실을 고려하지 못했기 때문에 발생한 실수였다. 팀 내에 왼손잡이인 동료가 있었다면, 기능을 내놓기 전에 최대한 많은 사람들과 이야기해보고 테스트해보았더라면 충분히 발견해낼 수 있는 기초적인 실수였던 것이다.

구글은 이러한 실수를 줄이고, 더 나아가 비즈니스의 매순간마다 최선의 의사 결정을 내리기 위해 최대한 많은 사람의 의견이 적극 수용될 수 있는 환경을 조성하는 것이 중요하다고 믿는다. 그리고 그런 노력의 일환들이 바로 미디어에서 자주 접해왔던 구글의 독특한 사내 문화들이다.

앞에서도 잠깐 언급했지만 매주 금요일 창업자를 비롯한 많은 회사 내 리더들이 현재 진행 중인 프로젝트들을 투명하게 전 세계 직원들에게 공유하고 심지어 그 자리에서 라이브로 질문을 받고 답변해주는 TGIF라는 문화가 대표적이다. TGIF라는 이름에서도 알 수 있듯이 원래는 미국 시간으로 매주 금요일에 열렸는데, 아시아 시간으로는 토요일이기 때문에 아시아에 있는 팀도 참석할 수 있게 끔 몇 년 전부터 목요일로 옮겨 시행할 정도로 커뮤니케이션에 공을 들이고 있다.

이렇게 창업자부터 솔선수범해 커뮤니케이션 문화를 만들고 지켜나가고 있으니 회사 전체가 놀라우리만치 직급의 고하를 막론하고 누구나 그 문화를 존중하고 실천할 수 있게 되었다. 사무실에는 임원을 위한 방이 따로 존재하지 않는데 임원도 나 같은 직원과 동일한 사무 공간에서 똑같은 책상에 앉아 업무를 보고 사무실에서 이루어지는 대화에 정말 자연스럽게 끼어든다.

실제 현재 내 자리 바로 옆에도 나를 이 팀으로 이끌어 주었고 이제는 임원이 된 레이먼드가 앉아 있는데 누군가의 질문에 그 자리에서 답변해주기도 하고 직원 생일을 축하하는 케이크를 챙기기도 하는 등 모든 팀원들의 커뮤니케이션에 참여하면서 듣고 생각하고 판단한다.

하루에도 수없이 펼쳐지는 미팅에서도 이러한 분위기는 마찬가지이다. 직급이 낮다고 해서 미팅 안에서 아무 말도 못하고 고개만 끄덕이는 상황은 구글에서 절대 존재하지 않는다. 심지어 미팅에서 아무런 의견을 제시하지 않을 거면 미팅에 참석하는 것 자체가 의미

없다고 생각하기 때문에 항상 참석한 모든 사람이 자유롭게 생각을 제시할 수 있도록 배려하고 장려한다.

뿐만 아니라 팀에서 해야 하는 일 역시 상급자의 일방적인 지시에 의해 결정되는 것이 아니라 상호 커뮤니케이션을 통해 매분기 초에 스스로 정한다. 이렇게 해야 할 일을 정하는 것을 구글 내에서는 OKRObjectives and Key Results이라고 하는데 직원 개개인이 자율성을 가지고 매분기 본인이 하고 싶은 일을 OKR로 정하며, 매니저는 사전에 협의된 OKR을 바탕으로 직원들을 평가하게끔 시스템이 구축되어 있다.

직원들 운신의 폭을 결정짓는 직원 평가 역시 매니저가 부하직원을 평가하는 단방향 커뮤니케이션이 아니다. 직원들은 매니저로부터 평가받기 전 OKR을 달성하는 데 함께 일했던 팀 동료 및 다른 부서 사람들에게도 다면평가를 먼저 받으며, 매니저는 이러한 동료들의 평가를 반영해 직원들을 평가해야 한다.

부하직원 역시 본인의 매니저를 평가할 수 있는데 매니저들은 본인들이 각 항목에서 무슨 점수를 받았는지 그리고 앞으로 어떻게 해당 부분들을 발전시켜 나갈 것인지를 팀원들에게 발표하고 논의해야만 한다. 구글에서 상호간 양방향 커뮤니케이션과 피드백을 얼마나 중요하게 생각하는지를 잘 보여주는 대목이다.

이렇게 원활하고 건강한 커뮤니케이션을 장려한다는 관점으로 보면 회사에서 제공하는 뷔페식 식당이나 바리스타가 있는 카페테리아cafeteria 같은 시설도 큰 역할을 한다. 회사 내에서 직간접적으로 함께 일하는 사람들과 점심 약속을 잡아 함께 식사하거나 카페테리아에 앉아 커피 한잔하며 이야기를 나누는 것은 구글에서 너무나도 자연스러운 모습이다. 이런 자연스러운 자리를 통해 나누는 대화들이 직접적으로 내가 하는 일에 아이디어를 주기도 하고, 서로간의 성격과 업무 스타일을 이해하는 데에 큰 도움을 주기 때문이다.

앞서 유튜브 사례에서 알 수 있듯이 단순히 양적으로 많은 커뮤니케이션보다 다양한 배경을 가진 사람들과의 커뮤니케이션이 중요하다. 그래서 구글에는 내 동료가 내향적인지 외향적인지 혹은 꼼꼼하고 분석적인 스타일인지 아니면 아이디어가 톡톡 튀는 스타일인지 등을 이해할 수 있는 다양한 사내 교육 프로그램도 잘 마련되어 있다.

잘 알려진 MBTIMyers-Briggs Type Indicator 검사나 True Colors 같은 성격 유형 테스트를 진행하고서 동료들과 공유하고 공감하는 교육 세션도 종종 마련하는데 이런 사내 교육 프로그램과 카페테리아의 자연스러운 분위기 속에서 나누는 대화들을 통해 함께 일하는 동료를 더 잘 이해하고 건강한 커뮤니케이션을 나눌 수 있기 때문이다.

이 모든 것이 잘 어우러져 업무에 더욱더 시너지가 발생한다는 것은 말할 것도 없는 사실이다.

이처럼 미디어에 많이 소개되는 구글의 독특한 문화와 복지제도들은 많은 부분이 다양한 사람들과의 더 건강한 커뮤니케이션을 위한 것들이다. 구글 문화를 벤치마킹해야 한다는 목소리도 많고 실제로 회사로 견학 오는 사람들 및 업체도 많은데, 실체는 앞서 설명한 것처럼 눈에 보이는 시설과 혜택이 아니라 그 안에 녹아 있는 커뮤니케이션에 대한 깊은 철학과 신념에 기반을 둔다.

2018년 현재 전 세계 구글에는 무려 7만여 명의 직원이 있는데 아직도 사업 초창기부터 가지고 있던 철학과 신념을 그대로 지켜나가고자 하는 회사의 노력이 경이롭다. 그것이 바로 구글이 늘 가장 혁신적이고 창의적인 회사로 각광받는 첫 번째 이유가 아닐까.

나는 구글에서 무슨 일을 하고 있나?

Q1. 입사 지원을 할 때부터 구글에 대해 잘 알고 있었나요? 특별히 지원해야겠다고 마음먹은 계기는 무엇이었나요?

A1. 좀 창피한 일일 수도 있지만 구글이라는 회사에 입사 지원서를 내기 직전까지도 구글이 어떻게 수익을 내는 회사인지 잘 알지 못했습니다. 눈치 챘을지 모르겠지만 앞서 소개한 나만의 다섯 가지 첫 직장을 고르는 기준에는 일반적으로 많은 친구들이 가지고 있던 두 가지 기준이 없었어요. 그중 하나는 연봉이나 복지 같은 보상이었고, 다른 한 가지는 구체적인 산업이나 직군에 대한 제한이었죠. 다시 말해 '나는 화장품이나 중공업, 혹은 IT 산업으로 갈 거야'라는 어떤 특정 산업에 대한 분명한 선호가 없었고, 마케팅이냐 영업이냐 같은 직군에 대한 제약 사항도 크게 두지 않았습니다. 어떤 산업이든 어떤 직군이든 제가 생각해온 다섯 가지 기준만 충족한다면 괜찮다는 생각에서였지요. 그래서 구글이라는 회사에 대해서도, 그리고 구글이라는 회사가 속해 있는 산업에 대해서도 일반적인 대학생 수준의 상식 정

도만 가지고 있었을 뿐이었어요. 구글에 지원할 즈음에서야 벼락
치기로 찾아보고 공부했었죠.

Q2. 그렇게 해서 좀 더 공부해본 구글은 기존 생각과는 다른 회사
였나요?

A2. 처음에는 아마도 많은 사람들이 그렇듯 구글을 세계 최대의
검색 엔진을 보유했고, 구글맵Google Map이나 지메일Gmail, 유튜브
YouTube 같은 몇 개의 유명한 서비스를 가지고 있으며, 스마트폰에
서 사용하는 안드로이드Android라는 운영체제를 개발하는 회사 정도
로만 알고 있었습니다. 그래서 누군가가 저에게 '구글은 무엇을 하
는 회사인가요?'라고 물었다면 그냥 IT 회사라고 대답했을 겁니다.
하지만 다시 한 번 곰곰이 생각해보면 이상한 점이 하나 있는데 일반
유저로서의 우리는 구글의 다양한 상품들을 거의 공짜로 사용하고
있다는 점이지요. 구글에서 검색하는 자료들, 지메일, 유튜브 그리고
안드로이드까지 모든 상품이 일부 특정 유료 서비스를 제외하고는
무료로 제공되고 있습니다. 이는 기존에 돈을 내고 서비스를 구입해
사용해왔던 마이크로소프트 같은 IT 회사의 유상 판매 방식과는 다
른 점입니다.

Q3. 그러면 도대체 구글은 어디에서 그렇게 많은 수익을 거두는 것인가요?

A3. 2017년 3분기 기준으로 구글은 약 270억 달러, 우리 돈으로 대략 29조 원에 달하는 매출을 올렸고, 같은 기간 국내 기업 중에서 구글보다 많은 매출을 올린 회사는 삼성전자밖에 없습니다.

	Theree Months Ended September 30, 2016	Theree Months Ended September 30, 2017
Google properties revenues	$ 16,089	$ 19,723
Google Network Members' properties revenues	3,732	4,342
Google advertising revenues	19,821	24,065
Google other revenues	2,433	3,405
Google segment revenues	$22,254	$27,470
Other Bets revenues	$197	$302
Google operating income	$6,774	$8,744
Other Bets operating loss	($861)	($812)

대다수의 서비스가 무료임에도 구글이 어떻게 그렇게 많은 수익을 올리는 지에 대한 대답은 바로 위에 표기된 구글의 재무제표에서 찾을 수 있습니다. 이를 자세히 살펴보면 270억 달러라는 전체 매출 중 무려 240억 달러가 'Google Advertising Revenues' 즉, '광고' 부문에서 발생했음을 알 수 있습니다. 앞으로 클라우드나 하드웨어 등을 통해 매출에 다변화가 일어날 수도 있겠지만 적어도 지금까지 는 구글을 IT 산업이 아닌 광고업종에 속하는 회사라 불러도 좋을 만

큼 대부분의 매출이 광고 부문에서 발생하고 있지요. 그래서 구글 안에는 광고 비즈니스와 관련된 부서의 규모가 굉장히 큽니다.

Q4. 그러면 저자분도 바로 그 광고 비즈니스 관련 부서에서 근무하고 있나요?

A4. 그렇습니다. 저 역시 구글에 처음 입사했을 때부터 일본으로 옮긴 후 지금까지도 구글의 광고 부문에서 일해 왔습니다. 좀 더 정확히는 구글의 광고 플랫폼인 애드워즈AdWords를 활용해 온라인상에 광고를 집행하고 싶어 하는 광고주들을 도와주는 역할을 해왔습니다. 한국에서는 애드워즈라는 상품의 영업 담당자로서 광고주들이 홍보하고자 하는 상품과 마케팅 목표를 이해하고 적절한 애드워즈 광고 솔루션을 제안하고 운영을 돕는 것이 저의 주 업무였습니다. 이렇게 애드워즈를 통해 만들어진 광고는 구글에서 검색했을 때 나오는 검색 결과 페이지나 파트너 사이트의 콘텐츠 옆에 보이는 디스플레이 배너, 그리고 유튜브에서 영상을 시청할 때 나오는 영상 광고 등으로 제작되어 집행되었지요. 특히 저는 애드워즈 광고 부문 중에서도 상대적으로 규모가 작은 중소형 광고주를 담당하는 팀에 있었는데 굉장히 보람차고 재미있었습니다.

Q5. 일하면서 어떤 부분이 보람차고 재미있었나요?

A5. 개인적인 견해이지만 규모가 작은 광고주들과 함께 일하는 데에는 뚜렷한 장단점이 있습니다. 첫 번째, 구글의 광고 담당자로서 '나'라는 개인이 담당 광고주에게 끼치는 영향력의 크기가 굉장히 크다는 점이었죠. 규모가 큰 기업과 함께 일하는 것과 비교해서 회사의 의사 결정권자와 직접 만나 이야기를 나누는 기회가 더 많을 수밖에 없었고, 그들에게 있어서도 구글 혹은 디지털 마케팅이라는 부문 자체가 회사의 성공에 대단히 중요한 경우가 많았습니다. 그래서 제가 제안하는 광고 솔루션이 그 회사의 매출을 크게 좌우할 만큼의 파급력을 가지는 경우가 자주 있었어요. 광고주의 사업 파트너로서 제가 제안한 솔루션과 함께 회사가 성장해 나가는 과정을 옆에서 지켜보는 것은 정말 기쁜 일이었죠. 두 번째 장점은 특정 몇 개 업체만 고려하는 것이 아닌, 시장 전체를 아우르는 방향으로 일할 수 있다는 점이었습니다. 저희 팀은 대형 광고주 수십여 업체를 제외한 나머지 시장 전체가 타깃 고객이었는데 그러다 보니 항상 어떻게 해야 시장 전체가 효과적으로 움직일 수 있을지를 고민해야만 했습니다. 이렇게 시장을 바라보면서 일하다보면 조금 과장을 보태어 어느 순간 제가 이 업계를 미약하게나마 움직이고 있구나 하는 보람이 문득 생길 때가 있었지요. 실제로도 업계가 그리 넓지는 않은 편이어서 '어떤 솔루션이 좋더라'라는 소문이 나면 삽시간에 시장 전체

에 솔루션이 퍼지는데 저희 팀이 세일즈를 하면서 제안했던 솔루션이 시장에서 어느덧 '머스트해브 아이템must-have item'이 되어 있을 때 그게 그렇게 자랑스럽고 뿌듯하지 않을 수가 없었답니다.

Q6. 그렇다면 일하면서 아쉬운 점이나 주의해야 할 점들은 무엇이었나요?

A6. 중소형 광고주 위주의 시장 전체를 대상으로 하다 보니 굉장히 깊은 수준의 광고 솔루션에 대해서는 아무래도 자세히 다루기 어렵다는 아쉬움이 있었습니다. 한 사람 한 사람의 고객에 대해 깊이 있게 이해하고, 수준 높은 솔루션을 장기간에 걸쳐 제안하고 실행하기보다 범용성이 있는 솔루션을 최대한 많은 사람에게 적용시키는 것에 초점을 맞출 수밖에 없었어요. 그러다보니 구글이라는, 업계 최고의 기술력을 보유하고 있는 회사에서 근무하고 있으면서도 새롭고 깊이 있는 솔루션을 받아들이고 이해하는 데에는 한계가 있었죠. 그 점이 개인적으로 조금 아쉬운 부분이었습니다. 마지막으로 광고주의 크기를 차치하고 '구글코리아'에서 광고 영업을 한다는 것은 다른 국가와 비교해 독특한 부분이 있었습니다. 구글은 전 세계적으로 많은 나라에서 높은 검색 광고 시장점유율을 차지하고 있지만, 한

국은 그렇지 못한 몇 안 되는 예외적인 나라 중 하나였어요. 높은 점유율로 시장을 선도하는 업체에서 영업하는 것과 그렇지 않은 위치에 있는 곳에서 영업한다는 것에는 많은 차이가 있었습니다. 해외 성공 사례나 가이드라인을 보면 종종 그 내용들의 근저에 높은 시장점유율이라는 전제가 깔려 있는 경우가 많았어요. 구글을 첫 직장으로 선택한 신입사원으로서 항상 경계하려 했던 것이 바로 이 부분이었는데, 지금의 성과가 과연 저의 역량 때문인지 아니면 회사의 높은 시장점유율 때문인지, 그것도 아니라면 회사의 브랜드 가치 때문인지를 냉정하게 평가할 수 있어야 했습니다. 그렇게 해야만 저의 진짜 실력과 회사의 후광 효과를 정확히 구분할 수 있기 때문이죠.

Q7. 구글 재팬으로 옮기고 나서 하는 일이 바뀌었나요? 일본어를 못하면 광고 영업을 하기 힘들 것 같은데요?

A7. 일본에서 담당하게 된 업무는 한국에서 했던 영업 업무와 많이 달라졌습니다. 크게 보면 같은 영업팀 소속이긴 하지만 실제로 광고주나 광고대행사를 직접 대면하는 일이 적어진 대신에 APAC 각지에 위치해 있는 구글 영업담당자 및 본사에 있는 프로덕트 매니저와 많은 시간을 보내게 되었습니다. 상품 개발에 참여하는 프

로덕트 매니저와 상품을 판매하는 영업팀 가운데에서 서로를 이어주는 가교와도 같은 역할인데, 궁극적으로 제가 담당하는 특정 상품 솔루션이 APAC에서 더 많이 잘 팔릴 수 있도록 하는 일입니다. 온라인 광고 솔루션이라는 것이 생각보다 복잡해서 세부 상품별로 저 같은 상품 전문가가 필요합니다. 물론 업무는 일본어가 아니라 영어로 진행됩니다. 사실 이렇게만 설명하면 제가 하는 일을 이해하기 쉽지 않은데요. 사람들에게 좀 더 익숙한 커피 프랜차이즈 회사에 빗대어 설명해보면 좀 더 이해하기 쉬울 것입니다. 예를 들어 제가 별다방이라는 커피 프랜차이즈에 속해 있다고 하면 제가 하는 일은 매번 매장에서 커피를 팔 때마다 그 커피에 우유나 초코칩, 혹은 디저트 같은 부가상품을 최대한 많이 얹어 팔 수 있게 도와주는 역할과 비슷한 겁니다. 이렇게 부가상품을 함께 팔면 그냥 일반 아메리카노를 파는 것보다 객단가가 높아져 별다방의 수익이 늘어나는 것은 물론이고, 고객 입장에서도 이 부가상품이 만족스러워 점점 프랜차이즈에 대한 충성도가 높아집니다. 하지만 별다방의 상품개발연구소가 새로운 부가상품을 개발했다고 해서 고객이 스스로 알고 찾아와 먼저 주문할 리는 없습니다. 그래서 새로운 상품이 개발되면 잘 팔릴 수 있도록 해주는 일련의 상품 판매 전략 및 오퍼레이션이 필요한데, 바로 그 과정을 담당하는 것이 저와 같은 상품 전문가입니다. 별다방의 부가상품은 비교적 대중에게 익숙하지만 구글의 광고 솔루션은 상대적으로 전문적인 지식을 필요로 한다는 차이점이 있기는 합니다.

Q8. APAC 상품 전문가로서 그동안 어려운 점은 없었나요?

A8. 한국에서 했던 영업 담당자 업무와 지금 하고 있는 상품 전문가 업무에는 한 가지 큰 차이점이 있습니다. 바로 '누가 실질적으로 계획을 실행하느냐'입니다. 영업 담당자는 본인이 계획하고 영업하고 필요한 지원까지 제공하는 반면, 상품 전문가는 상품 지식도 많고 전략도 세우지만 실제로 실행하는 주체는 아닙니다. 상품 영업은 영업 담당자가 대신 해줘야 합니다. 그렇기 때문에 구글 내 영업 담당자가 제가 담당하는 상품의 가치를 인정하고 판매에 우선순위에 둘 수 있게끔 설득하는 일이 중요하지요. APAC에는 한국, 중국, 일본뿐 아니라 멀리 인도부터 동남아시아는 물론 호주와 뉴질랜드까지 포함되어 있습니다. 이 수많은 국가의 영업 조직을 설득하기 위해서는 각 나라마다 존재하는 다양한 이슈와 견해를 잘 이해하고 상품 판매 전략을 구성해야 하는데, 워낙 다양한 모습을 지닌 나라들이라 이들을 모두 잘 아우르는 게 쉽지는 않습니다.

Q9. 마지막으로 비슷한 직업을 꿈꾸는 분들을 위해 해주고 싶은 말이 있을까요?

A9. 저 역시 그랬지만 많은 사람들에게 영업이라는 업무에 대한 일반적인 편견이 있습니다. 보통 드라마 같은 미디어를 통해 비쳐지는, 늘 실적에 시달리는 힘없는 을의 이미지이지요. 하지만 영업 업무의 또 다른 이면에는 숨은 장점들이 굉장히 많습니다. 본인이 담당하는 고객 혹은 상품에 있어 스스로가 고객 접점의 최전선에서 판단하고 계획하며 실행할 수 있는 주체가 될 수 있다는 것입니다. 그리고 그렇게 하기 위해서는 사전에 면밀하게 분석해야 하며 마케팅 같은 여러 다른 팀과의 협업도 중요합니다. 심지어 상품에 대한 고객의 피드백도 전달할 수 있으니 본인이 마음먹기에 따라 상품 개선, 영업 전략, 실제 고객과의 교류 경험, 그리고 분석까지 굉장히 다양한 일을 압축적으로 다 해볼 수 있습니다. 저 역시 구글의 광고 영업 담당자로서 너무나 많은 것들을 경험해보고 배웠으며, 그때의 경험이 지금의 상품 전문가 역할이나 향후 다른 일을 하게 될 때도 큰 자산이 될 것이라 믿어 의심치 않습니다.

누군가는
나를 말렸어야 했다

초판 1쇄 발행 2018년 4월 5일

지은이 조용진
펴낸이 김동하

펴낸곳 책들의정원
출판신고 2015년 1월 14일 제2015-000001호
주소 (03955) 서울시 마포구 방울내로9안길 32, 2층(망원동)
문의 (070) 7853-8600
팩스 (02) 6020-8601
이메일 books-garden1@naver.com
블로그 books-garden1.blog.me

ISBN 979-11-87604-53-2 03320

· 이 책은 저작권법에 따라 보호받는 저작물이므로 무단 전재와 무단 복제를 금합니다.
· 잘못된 책은 구입처에서 바꾸어 드립니다.
· 책값은 뒤표지에 있습니다.
· 이 도서의 국립중앙도서관 출판예정도서목록(CIP)은 서지정보유통지원시스템 홈페이지(http://seoji.nl.go.kr)와 국가자료공동목록시스템(http://www.nl.go.kr/kolisnet)에서 이용하실 수 있습니다. (CIP제어번호 : CIP2018008963)